Joachim Reiche
Mario Lippold

Königsberger und Cola

Impressum

1. Auflage:Dezember 2011

www.telescope-verlag.de

Lektorat: Verena Rotermund
Fotos: © Joachim Reiche, Mario Lippold
ISBN: 978-3-941139-35-0
Preis: 15,00 EURO

Vorwort

Der Anruf von Joachim

Gegen 21 Uhr klingelte das Telefon. Etwas aufgeschreckt durch die späte Zeit ging ich an den Apparat. Joachim war am anderen Ende der Leitung. Nach einigen Ausschweifungen kam er zur Sache: „Mario, würdest Du mich bei einer Wanderung von München nach Venedig begleiten?"
Ich benötigte einen Augenblick, um zu verstehen, was Joachim eigentlich wollte.
Das konnte doch nicht sein Ernst sein?! Von München nach Venedig wandern? Hunderte von Kilometern und dann noch über die Alpen? An Joachims Stimmlage war jedoch zu erkennen, dass er es ernst meinte. In meinem Kopf arbeitete es heftig. Wie sollte das mit der notwendigen Dialysebehandlung gehen? Wie wollte das Joachim mit seinen über 30 Jahren Dialysebehandlung körperlich schaffen? Wie lang sollte die Wanderung gehen? Wie hatte sich das Joachim eigentlich alles vorgestellt?
Für mich war sofort klar, das konnte eigentlich nur ein Scherz sein oder Joachim war gerade dabei, sich maßlos zu überschätzen. Aber ich bin ja ein netter und höflicher Mensch. Ich kannte Joachim schon seit vielen Jahren. Wir hatten uns bei der Vereinsarbeit kennengelernt und waren seit Langem befreundet. Als Dialysepatienten verbrachten wir schon zusammen den Urlaub in der Türkei. Also fragte ich ihn, wie er sich eine solche Wanderung denn vorstelle. Er erzählte von seinen Vorstellungen, welche die Dauer der Wanderung, die lebensnotwendigen Dialysebehandlungen, die vielen notwendigen Unterkünfte und die benötigten finanziellen Mittel betrafen. Er wollte die Wanderung unter das Motto „Wandern für Dialyse und Organspende" stellen.

Ich fand langsam, aber sicher Gefallen an diesem Vorhaben. An diesem Abend wurde sehr lange miteinander gesprochen. In Gedanken befanden wir uns schon in der Vorbereitung und es wurde überlegt, was denn noch alles bei so einer Wanderung zu beachten wäre. Etwas nachdenklich, ziemlich spät am Abend, aber mit der Vereinbarung, diese Wanderung durchzuführen, wurde das Telefonat beendet.

Die zwei „Wandervögel" stellen sich vor

Joachim Reiche

Im Januar 1958 geboren, verbrachte ich meine Kindheit mit 4 Brüdern in Audenhain (jetzt Nordsachsen) auf dem elterlichen Bauernhof. Als ich 14 Jahre alt war, bei einem stationären Aufenthalt wegen Gelbsucht, wurden die Ärzte erstmalig auf meine Nierenprobleme aufmerksam. Schon ein Jahr später stand die Diagnose fest: beiderseitige „Schrumpfnieren" (Nephrozirrhose).

Im Sommer 1977, genau zum Ende meiner Lehrzeit als Zootechniker / Rinderzüchter mit Abitur, folgte ein längerer Aufenthalt im Krankenhaus in Bad Düben. Auf Empfehlung des damaligen Chefarztes begann ich nicht das Studium der Tierproduktion, sondern sattelte um auf Ökonomie. Der Grund war, dass durch die drohende Dialysebehandlung schwerere körperliche Tätigkeiten vermieden werden sollten.
Mein gesundheitlicher Zustand verschlechterte sich, meist unbemerkt, immer mehr. Der strenge Winter zum Jahreswechsel 1978 / 79 und meine jugendliche Sorglosigkeit brachten das Fass zum Überlaufen.

An meinem 21. Geburtstag im Januar 1979 musste ich im Waldkrankenhaus Bad Düben stationär aufgenommen werden. Ich war froh, am 04. April 1979 endlich meine erste erfolgreiche Dialyse zu absolvieren, sah ich doch einige Patienten mit dieser Diagnose vorher sterben, welche vergeblich auf einen Platz an der Dialyse gewartet hatten. Ende September desselben Jahres setzte ich das Studium in Weimar als Fernstudent fort.

Die Überlebenswahrscheinlichkeit an der Dialyse betrug damals etwa 2 Jahre. Also wollte ich nach 2 Jahren Dialyse und somit auch 2 Jahren Fernstudium noch etwas mein „Rest-Leben“ genießen und unterbrach mein Studium. Nachdem es mir aber nach weiteren 2 Jahren immer noch gut ging, setzte ich es fort und beendete dieses im Februar 1985 erfolgreich.

3 Jahre zuvor war allerdings etwas Wichtiges passiert: Anfang November 1981 erhielt ich durch eine Transplantation endlich die lang ersehnte Niere. Leider traten so viele Probleme damit auf, dass diese nach 4 Wochen wieder entfernt werden musste. Heiligabend desselben Jahres wurde ich entlassen. Mit dem Fehlschlagen der Transplantation brach in mir alles zusammen. Ich hatte keine Ziele mehr, nicht mal Träume, und auch der Glaube an Gott war verloren. Nach Auswegen und Zielen suchend, entdeckte ich die Kaninchenzucht für mich und konnte bis 1990 damit viele Erfolge verbuchen. Außerdem arbeitete ich an den Nichtdialysetagen halbtags in der Buchhaltung unserer örtlichen landwirtschaftlichen Genossenschaft.

Zur Wendezeit lernte ich meine spätere Frau kennen und lieben und zog nach Bad Düben. Dass sie ein Kind mit in die Ehe brachte, empfand ich als sehr großes Glück. Thomas wurde mein Sohn, wofür ich immer noch sehr dankbar bin. Trotz der Krankheit versuchte ich, wie ein „Gesunder“ zu leben. Die Dialyse akzeptierte ich als eine Art „Job“. Und wer hat schon eine „Arbeit“, bei der er Tagebuch schreiben, lesen, fernsehen und schlafen kann? Gemeinsam mit meiner Frau baute ich über einige Jahre ihr Elternhaus um, engagierte mich als Schatzmeister im Dialyseverband Sachsen e.V., arbeitete seit 1996 für eine Versicherung und vieles mehr. Leider litt meine Ehe unter der vielen Arbeit, sodass es 2004 zur Trennung kam.

Nach der Scheidung suchte ich eine neue Herausforderung und Bestätigung. Bei einem Seminar des "Dialyseverband Sachsen e.V.“ entdeckte ich das Walking für mich. Wieder auf Partnerinnensuche hat man als Dialysepatient oft schlechte Karten. Um zu zeigen, dass man selbst nach rund 30 Jahren an der Dialyse nicht „halb tot“ ist, walkte ich im April 2008, zuerst wettkampfmäßig. Beim ersten Kräftemessen lief ich als dritter von 6 Startern ins Ziel ein (nach mir gleichaltrige und ältere Frauen). Mein Puls war so schnell, dass ich ihn nicht mehr zählen konnte, und die ersten beiden jungen Frauen hatten 2 bis 3 Minuten Vorsprung.

Da war mir klar, dass die Schnelligkeit beim „Walking" nicht der richtige Ansatz für mich war.

Mein nächster Gedanke beinhaltete die Stärkung der Ausdauer und die Verlängerung der Strecken. So lernte ich bei meinen immer weiterführenden Wanderungen manche schöne Ecke um meinen Heimatort Bad Düben kennen. Als Höhepunkt des Jahres 2008 lief ich nach kurzer Planung Ende Juli in 11 Tagen von Bad Düben über Riesa, Meißen, Dresden und Bad Schandau bis nach Schmilka an der tschechischen Grenze. Das waren immerhin 187 km! Da mir der Elberadweg so gut gefallen hatte, erwanderte ich im Jahr darauf den Teil von der Elbemündung in Cuxhaven über Hamburg, Wittenberge, Magdeburg und Dessau bis in meine Heimat (570 km in 30 Tagen).

Der Mensch strebt von Natur aus vorwärts. Deshalb wollte ich 2010 noch einen drauf legen und von München über die Alpen bis nach Venedig wandern. Lief ich die letzten beiden Jahre immer allein mit rund 11 Kilogramm Gepäck auf dem Rücken, traute ich mir das bei einer Wanderung über die Alpen nicht zu.
Deshalb hoffte ich auf die Unterstützung von Mario.

Mario Lippold

Ich wurde 1966 in Burgstädt, Nähe Chemnitz, geboren. Mein Vater wurde damals schon wegen fehlender eigener Nierenfunktion mit der künstlichen Niere behandelt und später Nieren transplantiert. Durch meinen Vater war ich beizeiten in nephrologischer Behandlung, sodass man sehr frühzeitig wusste, dass meine Nieren sehr bald ihre Funktion einstellen würden. 1982 war es dann soweit und ich musste im Alter von 16 Jahren dialysiert werden.

Trotz der Lebenserwartung von höchstens 2 Jahren begann ich im gleichen Jahr eine 3-jährige Ausbildung zum Facharbeiter für BMSR-Technik (Betriebs-, Mess-, Steuer- und Regelungstechnik), was dem heutigen Beruf eines Mechatronikers entspricht. Nach der Ausbildung musste ich ziemlich schnell berentet werden, arbeitete aber noch viele Jahre stundenweise in meinem erlernten Beruf.
1996, nach 14 langen Jahren des Wartens, bekam ich die Spenderniere eines Verstorbenen transplantiert. Damit lebte ich 11 Jahre, bevor ich Ende 2007 wieder mit der Hämodialyse (siehe Seite 11) behandelt werden musste.

Ich bin seit vielen Jahren Vorsitzender des gemeinnützigen Vereins „Dialysepatienten und Transplantierte Chemnitz e.V.", dem Selbsthilfeverein Nierenkranker und Transplantierter im Großraum Chemnitz.
Trotz meiner vielen Aktivitäten bin ich in der Freizeit eher ein ruhiger Typ. Ich sitze lieber im Warmen bei gutem Essen und Trinken. Bewegung gehört nicht unbedingt zu meinen Interessen. Durch die vielen Jahre der Nierenerkrankung haben sich einige gravierende Be-

einträchtigungen eingestellt, die dem Drang nach Bewegung nicht unbedingt förderlich waren.
Zu meinen Hobbys gehören Softwareprogrammierung und die Erstellung von Internetseiten. Wenn man die umfangreiche Vereinsarbeit noch als Hobby bezeichnen kann, handelt es sich dabei wohl um mein größtes und zeitaufwendigstes Hobby, welches mir aber gleichzeitig die meiste Freude bereitet.
Meine Fortbewegung wird im Gegensatz zu Achim eher auf 4 Rädern sichergestellt.

Die Idee

Mario:
Nach dem Anruf von Achim wurde mir schnell klar, dass man mit einer solchen Wanderung auch etwas bewirken konnte. Sollte das klappen, würde dies vielen Patienten und der Öffentlichkeit zeigen, dass mit einem Nierenversagen und der dadurch notwendigen Dialysebehandlung das Leben nicht vorbei und zwangsläufig mit einem schlimmen Leidensweg verbunden sein musste. Man würde sehen, dass man auch als Hämodialysepatient noch lange bei guter Lebensqualität überleben konnte und man trotzdem in der Lage war, unmöglich scheinende Ziele zu erreichen. Man könnte auf die Bedeutung und die Notwendigkeit einer qualitativ hochwertigen Behandlung hinweisen, welche die Lebensqualität der Betroffenen wesentlich beeinflusste und eine solche Wanderung erst möglich machte. Auch wenn ich genau wusste, dass die meisten Dialysepatienten wegen des Alters und der unterschiedlichsten Begleiterkrankungen wohl nie eine solche Wanderung bewältigen konnten, so könnte es trotzdem Hoffnung und Zuversicht geben. All das könnte den Betroffenen Mut machen und ihnen zeigen, dass man, auch wenn einem keine neue Niere transplantiert werden konnte, nicht resignieren musste, sondern versuchen sollte, sein Leben so normal wie eben möglich weiterzuleben.

Weiterhin könnten wir die Wanderung nutzen, um auf die Situation der Organspende in Deutschland aufmerksam zu machen. Täglich sterben 3 Patienten, die auf der Warteliste für eine Organtransplantation standen. Das war ein seit Jahren anhaltender Zustand, der so

für uns nicht hinnehmbar war. Für eine Verbesserung dieser Situation konnten wir uns bei jeder Gelegenheit während der Wanderung einsetzen.
All das gehört zum Anliegen unseres Vereins. Es war also naheliegend, dass unser Verein die Schirmherrschaft für diese Wanderung übernahm.

Was bedeutet eigentlich Hämodialyse?

Mario:
In Deutschland müssen etwa 80.000 Patienten mit der Dialyse, der künstlichen Niere, behandelt werden. Ihre eigenen Nieren haben keine oder keine ausreichende Funktion mehr. Ohne diese Behandlung würden die Patienten innerhalb weniger Tage sterben. Als Behandlungsverfahren kommt die Hämodialyse, die Peritonealdialyse oder eine Nierentransplantation infrage.
Es wird in den nächsten Jahren mit einem weiteren starken Anstieg der Patientenzahl gerechnet. Die Hämodialysepatienten müssen an 3 Tagen in der Woche für jeweils 4 bis 5 Stunden zur Behandlung in ein Dialysezentrum. Während dieser Zeit werden dem Körper harnpflichtige Substanzen und angesammeltes Wasser entzogen. Während der Behandlung kann es zu Kreislaufproblemen, Krämpfen und anderen Komplikationen kommen.

Die Behandlung ist für die Patienten deshalb oft sehr belastend und auch mit vielen Einschränkungen im täglichen Leben verbunden. Viele Patienten haben keine eigene Urinausscheidung, sodass die gesamte getrunkene Flüssigkeit im Körper verbleibt. Um dadurch Schäden am Körper zu vermeiden, dürfen diese Patienten nur 500 Milliliter am Tag trinken. Sie müssen eine strenge kalium-, phosphat- und natriumarme Ernährung einhalten. Das hat zur Folge, dass viele Nahrungsmittel wie Obst und Gemüse nur sehr eingeschränkt verzehrt werden dürfen. Trotzdem kommt es im Laufe der Jahre oft zu schweren Begleit- und Folgeerkrankungen. Dazu gehören Gefäßveränderungen wie Arteriosklerose, Knochenveränderungen, Nervenschädigungen und Herz-Kreislauferkrankungen.

Obwohl es auch Patienten mit ununterbrochener Hämodialysebehandlung von 4 Jahrzehnten und mehr gibt, so ist insgesamt die Lebenserwartung stark eingeschränkt. Dabei darf allerdings nicht vergessen werden, dass das Durchschnittsalter von Dialysepatienten bei über 70 Jahren liegt.

Hoffnung Nierentransplantation

Mario:
Für viele dieser Patienten stellt eine Nierentransplantation die Hoffnung auf ein besseres und längeres Leben dar. Dafür kommen jedoch auf Grund des Alters und weiterer Erkrankungen nur etwa 10 Prozent aller Dialysepatienten infrage. Die anderen 90 Prozent sind lebenslang auf die Behandlung mit der Dialyse angewiesen. Einige Patienten lehnen eine Nierentransplantation, die ebenfalls nicht ohne Risiko ist, ab und möchten lieber ganz bewusst weiter mit der Dialyse behandelt werden.
Aufgrund des Organmangels sind Wartezeiten auf eine Niere von 7 und mehr Jahren keine Seltenheit, sondern die Regel.
Die Möglichkeit einer Nieren-Lebend-Spende kommt nur für wenige Patienten infrage und ist mit zusätzlichen medizinischen und finanziellen Risiken für den Spender, meist einem nahen Angehörigen, verbunden. Aber auch wem das Glück einer Nierentransplantation zuteil wird, ist irgendwann wieder auf die Behandlung mit der Dialyse angewiesen. Auch wenn in der Öffentlichkeit immer wieder gern der Eindruck erweckt wird, dass transplantierte Nieren ein Leben lang oder zumindest über Jahrzehnte ihre Funktion behalten, so beträgt die tatsächliche durchschnittliche Funktionsdauer nur etwa 10 Jahre.
Die Patienten müssen für die gesamte Zeit, in der sie das Nierentransplantat haben, immunsuppressive Medikamente einnehmen. Das sind starke Medikamente, die das Immunsystem der Patienten unterdrücken, um zu verhindern, dass der Körper das fremde Organ als fremd erkennt und dann eine Immunreaktion auslöst, die das Organ zerstört. Durch die Unterdrückung des Immunsystems sind diese Patienten stark infektgefährdet und ihr Risiko, dadurch Krebs zu entwickeln, ist stark erhöht. Daher besteht bei diesen Patienten die Notwendigkeit einer ständigen Kontrolle durch spezialisierte Mediziner.

Trotz all dieser Probleme bedeutet eine erfolgreiche Nierentransplantation für die Betroffenen überwiegend einen Gewinn an Lebensqualität und oft auch an Lebenserwartung.

Die Vorbereitung der Wanderung

Unterkünfte

Joachim:
In der ursprünglichen Übernachtungsplanung waren wir 2010 von jeweils 2 Einzelzimmern in 12 Pensionen und Jugendherbergen ausgegangen. Da wir dabei aber bemerkten, welchen Stress jeweils ein Umzug verursachte, begnügten wir uns 2011 mit 2 sehr günstigen Ferienwohnungen. Dadurch entstanden die aber entschieden größere Fahrtstrecken.
Auch die Suche nach Quartieren in Informationsmaterialien sowie dem Internet gestaltete sich langwierig, galt es doch besonders günstige Unterkünfte in möglichst unmittelbarer Nähe der Wanderroute zu finden. Dies gelang in beiden Jahren nur teilweise.

Dialysebehandlungen

Mario:
Das größte und zugleich wichtigste Problem bei der Vorbereitung stellte die Sicherstellung der notwendigen Dialysebehandlungen in Deutschland, Österreich und Italien dar. Es mussten Dialyseeinrichtungen gefunden werden, die 2 Patienten gleichzeitig für eine Gastdialyse aufnehmen konnten. In Deutschland und Österreich war das kein größeres Problem. Dank eines „Ferienführers", einem Buch, in dem die Adressen aller europäischen Dialysezentren zu finden waren, konnten bei den infrage kommenden Einrichtungen im Vorfeld Informationen eingeholt werden.
Wie schon vermutet, war die gleichzeitige Behandlung von 2 Patienten ein Problem. Eine besondere Herausforderung stellte die Organisation der Dialysebehandlungen in Italien dar. Wie bei den Unterkünften mussten hier alle Anfragen per E-Mail gesendet werden.

Dabei stellte Joachim sehr schnell fest, dass Übersetzungen aus dem Internet völlig sinnfrei waren.

Sehr wichtig war natürlich auch die Klärung der finanziellen Seite der Behandlungen. Dazu zählten neben der eigentlichen Dialysebehandlung auch die Fahrtkosten zum Dialysezentrum. Das konnte jedoch relativ schnell und unbürokratisch mit unseren gesetzlichen Krankenkassen geregelt werden.
Letztlich lagen alle notwendigen Zusagen für die Dialysebehandlungen vor, sodass damit die wichtigsten Voraussetzungen für die Wanderung sichergestellt waren.

Joachim:
In Deutschland und Österreich waren die Feriendialysen einigermaßen schnell gefunden. Sehr große Probleme gab es mit den Dialysen in Italien. Obwohl in Südtirol Dialysen in Brixen und Bozen am Wanderweg lagen, gab es dort für uns aufgrund fehlender Kapazitäten keine Dialysemöglichkeit.

Letztendlich waren wir 2010 froh, dass uns die Dialyse in Bruneck aufnahm. Dieser Ort befand sich aber in einem Alpenseitental, ca. 35 km von unserem Wanderweg entfernt. Dass in Südtirol deutsch gesprochen wurde, stellte sich als ein großer Vorteil heraus. Die Dialyseanfragen im restlichen Italien erledigte ich alle über das Internet, oft in drei Sprachen (deutsch, englisch und italienisch). Dabei setzte ich kostenlose Übersetzer aus dem Internet ein, welche aber nur sehr bedingt zu empfehlen sind. Trotz sehr vieler Anfragemails an mindestens 10 Dialysezentren sagte ein Krankenhaus in Vicenza 2011 erst in den letzten Tagen vor der Abreise die Behandlungen zu. Gott sei Dank!

Anschaffungen

Mario:
Wir haben lange überlegt, was man alles während der Wanderung benötigte, was davon schon vorhanden war und was man noch anschaffen musste. Es wurde vereinbart, ein Navigationsgerät für das Auto, einen kleinen Elektroherd und Funkgeräte zu kaufen.

Finanzen

Joachim:
Die Finanzierung war das größte Problem. Schon bei der ersten Planung mussten wir von einem Finanzbedarf von mindestens 5000 € ausgehen. Durch die Unterbrechung der Wanderung kam es noch zu zusätzlichen Kosten.
Trotz einiger Spenden von z.T. mehreren Hundert Euro hatten wir lange Zeit erst ein Drittel der benötigten Gelder beisammen.
Erst durch den Einsatz des Bundesverband Niere e.V. kamen wir in den Genuss einer größeren Spende, sodass mit zusätzlichen Eigenmitteln das Vorhaben kurz vor Beginn endlich auf finanziell sicheren Füßen stand.

Verpflegung

Mario:
Es war klar, dass eine Verpflegung während der 6-wöchigen Wanderung, die ausschließlich aus dem Essen in Pensionen und Gaststätten bestand, nicht finanzierbar war. Wir mussten also versuchen, uns weitestgehend selbst zu versorgen. Wir wussten, dass in Italien die Lebensmittel zum großen Teil teurer waren als in Deutschland. Daher wurde eine Liste erstellt, welche Lebensmittel man schon in Deutschland kaufen konnte und zur Wanderung mitnahm.
Der Hauptteil unserer mitgenommenen Lebensmittel bestand aus Quark (für Achim) und Königsberger Klopsen (mehr für mich). Da Achim auf fettarmen Quark großen Wert legte, konnte er sicher sein, dass ich ihm davon nichts wegessen würde. *(Anm. Joachim: Dieser Quark hätte aber nicht nur Marios Figur gut getan!)* Wahrscheinlich war genau das seine Überlegung, als er davon eine gefühlte Europalette voll kaufte. Im Gegenzug besorgte ich mindestens genau so viele Büchsen Königsberger Klopse, eines meiner vielen Lieblingsgerichte. Ansonsten wurden etwas Reis, einige Tütensuppen, Würzfleisch und Fisch in der Büchse und ganz wichtig – ein großer Pack Cola eingekauft.

Das Frühstück war zwar in den meisten Unterkünften inklusive, Mittag- oder Abendessen musste jedoch überwiegend selbst zubereitet werden. Gerade für Achim war Eiweiß und energiereiches Essen sehr wichtig. Da ich tagsüber, wenn Achim auf Wanderschaft ging, Zeit hatte, wurde vereinbart, dass ich mich um das Essen kümmerte. Der kleine Elektroherd war dafür vorgesehen, auch einmal heimlich in einer Unterkunft etwas Warmes kochen zu können.

Öffentlichkeitsarbeit/Internetseite

Mario:
Natürlich war es von uns gewünscht, dass diese Wanderung nicht im Verborgenen stattfand, sondern auch für andere Patienten zu verfolgen war. Das sollte möglichst aktuell geschehen. Daher erstellte ich eine Internetseite zur Wanderung. Auf der Seite wurde über die Hintergründe der Wanderung informiert. Die Tagesberichte sollten während der Wanderung veröffentlicht werden. Weiterhin soll es eine Kommentarfunktion geben, über die uns die Leser ihre Meinung schreiben konnten.
Als Grundlage dieser Internetseite wurde das kostenlos verfügbare Content Management System „wordpress“ verwendet. Es eignet sich besonders für die Realisierung eines Internettagebuches. Da dieses CMS kostenlos verfügbar ist, war es bestens für unsere Anforderungen geeignet. Geplant war, an jedem Abend je einen tagesaktuellen Bericht mit ausgewählten Bildern von Joachim und mir zu veröffentlichen. Besucher dieser Internetseite wurden so in die Lage versetzt, die gesamte Wanderung live zu verfolgen.

Wir erstellten Pressemitteilungen und veröffentlichten diese auf der Internetseite sowie auf verschiedenen Presse-Onlineportalen. Die Pressemitteilungen schickten wir an unzählige lokale und überregionale Redaktionen der Presse, des Rundfunks und des Fernsehens.

Internetzugang

Mario:
Es musste eine Möglichkeit gefunden werden, während der gesamten Wanderung über Funk auf das Internet zugreifen zu können. Nur so war es möglich, täglich Tagesberichte auf der Internetseite zu veröffentlichen. Es war schnell klar, dass die Kosten dafür nicht getragen werden konnten, wenn man den Internetzugang über einen deutschen Provider sicherstellen wollte. Diese verlangten oft exorbitante Gebühren für Internetzugänge im Ausland, die zu allem Überfluss auch noch mit langen Vertragslaufzeiten verbunden waren. Nach intensiver Recherche fanden wir eine Möglichkeit, relativ preisgünstig über einen deutschen Provider in Deutschland und einen Provider aus Österreich, in Österreich und Italien den Internetzugang per Funk zu ermöglichen.

Mobilität

Mario:
Es war klar, dass Joachim wandern und ich ihn mit seinem Auto begleiten würde. Joachim meinte, dass mein „etwas" in die Jahre gekommenes Auto Fahrten in den Alpen nicht mehr überstehen würde. Ich wollte ihm nicht widersprechen, obwohl er sich da natürlich gewaltig täuschte. *(Anm. Joachim: Es käme auf einen Versuch an – aber bitte ohne mich!)* Letztlich war ich aber froh über die Entscheidung. So konnte ich mein Auto schonen und es hielt vielleicht noch weitere 20 Jahre.
Anfängliche Planungen, sich ein Wohnmobil zu mieten und damit Kosten für die Unterkünfte zu sparen, wurden sehr schnell verworfen. Für die notwendigen Fahrten in den Alpen mit den dortigen Serpentinen erschien uns ein Wohnmobil nicht geeignet.

Vorwort Tagesberichte

Mario:
Auf den folgenden Seiten finden Sie Tagesberichte des ersten und des zweiten Teils der Wanderung. Diese Berichte wurden von Joachim und mir während der Wanderung geschrieben. Sie stellen eine Art Tagebuch über den Verlauf, über die Begegnungen, Erlebnisse und Probleme der einzelnen Wandertage dar. Diese Berichte wurden fast immer noch am gleichen Tag erstellt.

1. Teil der Wanderung
2010

Donnerstag, 27. Mai 2010
Wir sind angekommen. Endlich …

Mario:
Wir hofften, nach dem Stress der Vorbereitung in den letzten Tagen und Wochen etwas zur Ruhe zu kommen. Nachdem Achim mit Mühe, Not und einer Viertelstunde Verspätung bei mir eintraf, hätte es eigentlich mit dem Beladen des Autos losgehen können.
Aber nein: Da Achim mich wohl nicht kränken wollte, trank er noch meinen frisch aufgesetzten Tee mit Genuss. *(Anm. Joachim: So versteckt wie Mario wohnt eigentlich auch niemand.)*

Mario und Joachim: Stolze Präsentation der Wander-T-Shirts

Nachdem das Auto beladen war, kam der Fotograf der örtlichen Presse. Ohne Jacke, damit man unsere T-Shirts schön sehen konnte, ging es zum Fotoshooting. Nach den verschiedenen Posen, die der Fotograf verlangte, hatten wir beide Muskelkater an Stellen, an denen wir gar keine Muskeln vermutet hatten.

Danach fuhren wir sofort nach Chemnitz, um Mittag zu essen. Catrin, Mitarbeiterin in der Geschäftsstelle unseres Vereins, Birgit, unsere Schriftführerin, und Chris, der Sohn von Catrin, waren zum Essen mitgekommen, um uns danach zu verabschieden.

Herzliche Verabschiedung durch Birgit

Wir wurden noch mit einigem Nützlichen, weniger Nützlichem und auch etwas pikanten Geschenken versorgt.

Nach einer sehr lustigen, aber als es ernst wurde, auch traurigen Verabschiedung, ging es um 14 Uhr los Richtung Wolfratshausen. Nach einem Zwischenstopp an der Abfahrt „Altmühltal", einer kurzen Stärkung sowie einer Kirchenbesichtigung durch Achim kamen wir gegen 19 Uhr wohlbehalten in unserer Unterkunft an.
Das Abendbrot schmeckte und ab ging es ins Bett.

Freitag, 28. Mai 2010
Der erste Dialysetag ...

Mario:
... und das bedeutete: um 6.30 Uhr aufstehen.

Die erste Nacht in der Unterkunft war noch etwas gewöhnungsbedürftig. Es war abends durch die Monteure, die ebenfalls in der Pension übernachteten, noch ziemlich lange laut.

Die elektrische Kühlbox, die mir Achim in mein Zimmer mitgegeben hatte, musste ich ausschalten. Sie war zum Schlafen einfach zu laut. Aber dank der 2 großen Akkus waren die Lebensmittel auch am Morgen noch relativ gut gekühlt.
Achim wusste sicherlich, dass die Kühlbox viel zu laut war – deshalb jubelte er sie mir großzügig unter. ***(Anm. Joachim: Mario wollte die Lebensmittel in der Kühlbox unter seiner Kontrolle haben!)*** Dummerweise hatte ich am Vorabend vergessen, meine Cola darin unterzubringen. Dann hätte sich der Lärm wenigstens gelohnt.

Nach dem leckeren und reichlichen Frühstück ging es dann in den Ort Wolfratshausen, um den S-Bahnhof für den nächsten Tag zu suchen. Wir wollten mit der S-Bahn nach München auf den Marienplatz, zum Startpunkt der Wanderung, fahren. Der Bahnhof war schnell gefunden. So blieb uns noch Zeit für einen „kleinen Bummel" durch den Ort. Für Achim war das wohl ein Vergnügen, für mich jedoch harte Arbeit. Ich war froh, wenn Achim mal eine Pause in einem Geschäft oder einer Kirche einlegte und ich mich etwas erholen konnte.

Wieder zurück in unserer Pension bereiteten wir uns für die erste Gastdialyse im KfH* Tutzing vor. Ich durfte das erste Mal mit Achims Auto fahren. Irgendwie hatte ich das Gefühl, Achim saß etwas ängstlich neben mir. Keine Ahnung warum, ich hatte ihm doch nur gesagt, dass sein Auto völlig anders als mein eigener alter Schleifer zu fahren war.
Pünktlich und unverletzt trafen wir schließlich im KfH ein. Achim war sichtlich erleichtert, dass sein Auto keinen Kratzer abbekommen hatte – besonders beim rückwärts Einparken. Keine Ahnung, warum er so geschwitzt hatte. ***(Anm. Joachim: Ich habe nicht geschwitzt, das war der Regen!)***

Mario während der Dialysebehandlung beim Schreiben der Wanderberichte

Das Pflegepersonal und der Arzt empfingen uns freundlich. Wir fühlten uns hier sofort wohl. Das Personal wusste durch einen Artikel in der Vereinszeitschrift „Der Nierenpatient" schon von der Wanderung und über unser Anliegen Bescheid. Die Dialyse verlief ohne Probleme, sodass wir nach 5 Stunden das KfH wieder wohlbehalten verlassen konnten.

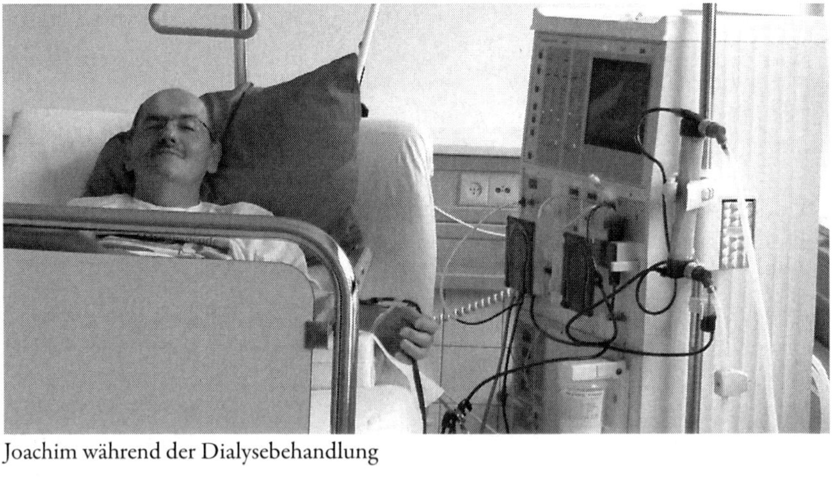

Joachim während der Dialysebehandlung

Die Rückfahrt mit dem Auto verwehrte Achim mir ausdrücklich. Ich musste auf dem Beifahrersitz Platz nehmen. Na ja, ich hoffte, dass ich am nächsten Tag dieses Misstrauensvotum wieder vergessen hätte – ansonsten müsste Achim alles laufen. ***(Anm. Joachim: Nach der Dialyse ist die Reaktionsfähigkeit herabgesetzt. Um Mario Schuldgefühle zu ersparen, fuhr ich mein Auto lieber selbst kaputt!)***

* *Kuratorium für Dialyse und Nierentransplantation*

Samstag, 29. Mai 2010
(Erster Wandertag, München - Baierbrunn, 19 Kilometer)

Mario:
Aufstehen um 6 Uhr, Frühstück um 7 Uhr. Beim Frühstück lernten wir einen jungen Mann aus Leipzig kennen, der hier für jeweils14 Tage zum Arbeiten wohnte.

Start der Wanderung am Fischbrunnen in München mit Unterstützung von Anita

Er erzählte uns, wie schwer es zu Hause sei, eine Arbeit zu finden, von der man auch ordentlich leben konnte. Arbeit würde er nur hier finden und ließ dafür jeweils für 14 Tage Frau und Kind in Leipzig zurück. Das kann kein Zukunftsmodell für Deutschland sein, fanden wir ...

Pünktlich ging es um 8 Uhr mit dem Auto zum S-Bahnhof Wolfratshausen und von dort mit der Bahn in knapp einer Stunde Fahrzeit direkt zur Haltestelle Marienplatz in München. Nach kurzer Orientierung und einem Besuch des alten Rathauses ging es zu unserem Startpunkt, dem Fischbrunnen auf dem Marienplatz. Die Freude und das Hallo waren groß, als eine Fahrradfahrerin mit einem T-Shirt und der Aufschrift „Danke meinem Organspender" auftauchte. Es war Anita, eine gute und langjährige Freundin aus der Selbsthilfegruppe der Nierenpatienten in Schweinfurt. Anita lebt schon 15 Jahre mit einer Spenderniere und wollte uns bei der Aktion durch ihr Kommen unterstützen.

Mit etwas Verspätung startete Achim um 10.20 Uhr bei bestem Wanderwetter mit seiner Tour.

Nachdem Achim nicht mehr zu sehen war, gönnte ich mir eine Stadtrundfahrt durch München mit einem der vielen Busse. Anschließend widmete ich mich dem Trubel auf dem Viktualienmarkt. An einem Imbissstand verlangte ich eine Bratwurst. Die Verkäuferin fragte mich: „Rot oder weiß?" Als geborener Sachse kannte ich natürlich nur „Original Thüringer". Und die sieht schön braun aus. Um nicht unverschämt zu erscheinen, entschied ich mich für rot. Na ja, in Sachsen schmeckte eine Bratwurst irgendwie anders, man könnte auch besser sagen. Aber essen konnte man die bayerische auch.

Joachim:
Heute sagte ich „ENDLICH". Nach langer, zeitraubender und nervenaufreibender Vorbereitung und Anfahrt konnte ich das tun, was ich eigentlich vorhatte: Wandern – Wandern für Dialyse und Organspende.

Nachdem wir um 9.30 Uhr auf dem Marienplatz ankamen, besichtigten wir kurz den Innenhof des Rathauses. Auch ich war sehr er-

freut über das Kommen von Anita. Ganz toll – ein großes Lob für sie!! Gegen 10.20 Uhr verabschiedeten wir uns von Anita und versuchten, das GPS-Gerät und den Höhenmesser zu aktivieren.
Mit Mario gemeinsam verließ ich den Marienplatz durch das Isartor. Nachdem ich mich von ihm verabschiedet hatte, ging es fast immer geradeaus bis zur Isar. Rechts abbiegend folgte ich dieser stromaufwärts. In der St. Maximilian Kirche dankte ich für den bisherigen Verlauf unseres Vorhabens und spendete eine Kerze für den weiteren glücklichen Verlauf der Wanderung. Diese im neuromanischen Stil, Ende des 19. Jahrhunderts erbaute Kirche wurde im Zweiten Weltkrieg teilweise zerstört und von 1949-1953 wieder aufgebaut. Der Innenaufbau erfolgte später.

Als ich die Kirche verließ, störte mich der starke Verkehr etwas. Ich überquerte die Wittelsbacher Brücke und kam auf die linke Isarseite. An diesem Tag, einem Samstagmittag und -nachmittag, waren viele Münchner an der Isar unterwegs. Während man von den vorbei rauschenden Fahrradfahrern selten richtig wahrgenommen wurde, erhaschte man schon mal ein Lächeln oder es kam zu einem kurzen Gespräch mit einem Fußgänger oder Jogger. (Anm. Mario: Ich denke, es wird sich eher um Fußgängerinnen und Joggerinnen gehandelt haben!)

Party auf Flößen am Isarufer

Dabei konnte ich auch auf das Anliegen der Wanderung aufmerksam

machen und darüber informieren. Die Füße taten immer mal weh, aber wenn eine hübsche Joggerin an mir vorbeizog, beschleunigten sich meine Schritte automatisch und die Schmerzen verflogen.
Bei herrlichem Wanderwetter im Schatten der Bäume laufend, verließ ich langsam München. Das letzte Ziel meiner Wanderung war der Tierpark. Vorher holte ich mir aus dem Flussbett der Isar noch einen kleinen Stein. Mein Gedanke war, ihn bis Venedig mitzunehmen und am Ende der Reise am Markusplatz ins Mittelmeer zu werfen. Das würden nicht allzu viele tun, sodass Venedig deswegen nicht gleich Hochwasser hätte.

Apropos Isarufer: Unser Pensionswirt sagte uns, dass man „nackende Mädels" an der Isar sehen könnte. Ich beobachtete die Angelegenheit mal (nicht, dass ich darauf gehofft hätte – nein). Aber bei Temperaturen von 20 Grad „wälzten" sich nur 2 bis 3 nackte Männer auf den Steinen. Vor Grünwald und danach wurde es etwas bergig. Da ich großen Hunger verspürte, kehrte ich um 14 Uhr beim Brückenwirt in Grünwald ein. Hier gab es gutes Essen und Trinken.

Gegen 15 Uhr ging es bei leichtem Regen weiter. Ich war frohen Mutes, da es mir noch sehr gut ging und Baierbrunn in greifbarer Nähe schien. Leider waren die Wege an der Isar sehr nass und oft matschig. Den Aufstieg nach Baierbrunn musste ich dann allerdings übersehen haben. Gesucht hatte ich einen eher begehbaren Weg. Aber es gab nur schmale oder sehr modrige Wege.
Über diese Rad- und Wanderwege war ich doch etwas enttäuscht. Letztendlich folgte ich einem mir besser erscheinenden Weg, der aber immer schmaler und steiler wurde und plötzlich vor einer zehnstufigen Eisenleiter endete. Den Berg wollte ich nicht wieder hinunter gehen, also stieg ich in der Hoffnung auf geeignetere Wege die Leiter hoch. Leider hörte der Weg vor einem Zaun auf. Aber ich stand bestimmt nicht als Erster vor diesem Zaun. Mehrere Wanderer hatten vor mir schon ein kleines Trampelpfädchen am Zaun entlang angelegt. Etwa 500 Meter weiter erreichte ich tatsächlich wieder eine Straße. Eine halbe Stunde später befand ich mich endlich in Baierbrunn, wo Mario schon über eine Stunde auf mich wartete. Gemeinsam ging es dann mit dem Auto zurück nach Wolfratshausen. GESCHAFFT!

Sonntag, 30. Mai 2010
(Zweiter Wandertag, Baierbrunn – Wolfratshausen, 20 Kilometer)

Mario:
Nachdem wir lange und ausgiebig gefrühstückt hatten, gingen wir den Tag entspannt an. Beim Frühstück lernten wir eine junge Frau mit ihrer Mutter aus Frankfurt am Main kennen. Als wir von unserer Wanderung und unserer Motivation erzählten, stellte sich heraus, dass auch die junge Frau sehr krank war. Sie hatte Multiple Sklerose und wollte sich hier in einer Spezialklinik behandeln lassen. Unsere Gespräche bestätigten uns in der Ansicht, dass man, egal welche Krankheit, sie annehmen und immer das Beste daraus machen musste. Nur so kann man mit einer schweren Krankheit leben. Trotz Multipler Sklerose und sichtbaren Beeinträchtigungen in der Bewegung studierte diese junge Frau Psychologie in Wales. Etwas nachdenklich verließen wir den Frühstücksraum ...

Joachim bei Regen in Wolfratshausen

Gegen 11 Uhr machten wir uns mit dem Auto auf zum gestrigen Endpunkt von Achims Wanderung, nach Baierbrunn. 11.30 Uhr startete Achim von dort zu seiner heutigen Tour. Ich besichtigte noch die St. Peter und Paul Kirche in Baierbrunn und fuhr dann zurück nach Wolfratshausen. Hier suchte ich das Haus von Edmund Stoiber, dem ehemaligen bayerischen Ministerpräsidenten, der ja bekanntlich dort wohnt. Obwohl ich den Straßennamen kannte, konnte ich sein Haus nicht finden. Ich wollte auch nicht an jede Haustür gehen und mit der Lesebrille auf der Nase die Türschilder lesen. Neugier und Blindheit passen eben nicht zusammen – schade ...

Danach ging es zurück und bei strömenden Regen machte ich es mir in der Unterkunft bequem. Gegen 17.30 Uhr trudelte Achim in der Pension ein. Heute musste ich ihn nicht mit dem Auto holen, da sein Etappenziel Wolfratshausen war.

Ein glücklicher Joachim mit Königsberger Klopsen

Dann kam meine erste große Bewährungsprobe: Ich musste kochen. Es gab eine unserer vielen mitgebrachten Büchsen Königsberger Klopse mit Reis. Achims Gesichtsausdruck nach dem Essen konnte ich nicht deuten. Er gab mir jedenfalls die Note 2 -3 für meine Kochkünste. Das fand ich deutlich unterbewertet.

Joachim:

Früh beim Aufwachen: Regen! Deshalb gingen wir den Tag entspannt an. Gegen 10 Uhr klarte es etwas auf, sodass mich Mario nach Baierbrunn zum Friedhofseingang, dem Endpunkt der gestrigen Wanderung, brachte.

Joachim kennt keine Hindernisse

Kaum losgelaufen, änderte sich das Wetter und es begann für eine kurze Zeit leicht zu regnen. Da ich gestern große Probleme mit „natürlichen" Wegen hatte, versuchte ich heute auf Radwegen an der Straße oder auf ruhigen Nebenstraßen zu laufen. So ging es erst ein ganzes Stück an der B11 entlang, welche ich aber in Hohenschäftlarn verließ, da der Radweg dort endete. Auf angenehmen Wegen lief ich bis zu der barocken Friedhofskirche St. Michael in Zell-Ebenhausen. Ich besichtigte sie kurz, nachdem ich mich vorher einige Zeit mit einer netten, blinden 90-jährigen Berlinerin unterhalten hatte. Sie wohnte in einem ca. 1 Kilometer entfernten Sanatorium, in dessen Garten ich vor Kurzem eine Rast eingelegt hatte. Zurückbringen lassen wollte sie sich nicht von mir. So folgte mein Blick ihr etwas in Sorge, aber auch bewundernd, noch eine ganze Zeit, wie sie so mitten auf der Straße voller Gottvertrauen langsam Richtung Sanatorium lief.

Knapp 2 Kilometer weiter überraschte mich eine Regenwand. Zum Glück kam ich gerade an einem Rasthaus an, in das ich einkehrte. Ich glaube, die Bedienung war etwas frustriert, weil ich nur eine Grießklößchensuppe gegessen und dazu noch Brot bestellt hatte – was soll's. (Anm. Mario: Grießklößchensuppe?! Dagegen sind doch meine Königsberger ein Festmahl!) *Als die Sonne wieder lachte, zum letzten Mal an diesem Tag, ging es weiter. 20 Minuten später war der Regen jedoch so anhaltend, dass ich meinen Regenumhang überziehen musste und nicht mehr ablegte.*

Hinter Icking versuchte ich mich wieder an einem „Naturpfad". Dagegen waren die Wege am Vortag noch super. Ein ganzes Stück standen rechts und links dichte Büsche, welche in der Mitte schon zusammenstießen. Der Weg unten war sehr modrig, aber ich konnte nicht ausweichen. Ein Zurück gab es nicht – also durch. Bei trockenem Wetter möchte ich wegen der Zecken diesen Weg auch nicht gehen. Letztendlich erreichte ich gegen 16.50 Uhr doch noch Wolfratshausen. Dort stellte ich mich wegen eines starken Gewitters unter einem Carport in der Gartenstraße unter. Hier wohnte auch Herr Stoiber. Eventuell habe ich ja unter seinem Carport gestanden? Mit müden Füßen erreichte ich um 17.30 Uhr die Pension. Für die nächsten Tage wurde schlechteres Wetter vorhergesagt – wir hofften auf das Beste!

Montag, 31. Mai 2010
Erste Planänderung
(Dritter Wandertag, Wolfratshausen – Beuerberg, 12 Kilometer)

Mario:
Frühstück gab es heute um 7 Uhr. Achim hatte vorher schon seine Sachen einigermaßen zusammengepackt. Nach dem Frühstück bezahlten wir unsere Rechnung und begannen, das Auto einzuräumen. Unser nächstes Übernachtungsziel lag in Beuerberg.

Doch, es passte alles (irgendwie) ins Auto!

Pünktlich um 8 Uhr startete Achim zu seiner Wandertour von der Pension in Wolfratshausen aus.

In der Zwischenzeit räumte ich das Auto noch komplett ein und fuhr dann Richtung Beuerberg. In der Hoffnung, dass Achim gegen 11 Uhr in der Pension eintreffen würde (um 13 Uhr war ja Dialyse), bezog ich schon mal mein Zimmer und stellte fest, dass es hier schnelles Internet gab, was ich natürlich ausgiebig nutzte.

Mit der Dame am Empfang führte ich ein Gespräch über unsere Wanderung und unsere Anliegen. Dabei stellte sich heraus, dass eine Verwandte von ihr ebenfalls Dialysepatientin war. Gemeinsam schauten wir uns gleich mal unsere Internetseite an. Ich denke, sie wird von diesem Tage an ebenfalls die Wanderung verfolgt haben.

Achim kam tatsächlich pünktlich in der Pension an und es ging mit dem Auto wieder ab zur Dialyse in Tutzing. Heute durfte ich Auto fahren und hatte den Eindruck, Achim wirkte gelassener als die Tage zuvor.

Während der Dialyse entschlossen wir uns zu einer Planänderung. Es war vorgesehen, Achim in Murnau und mich in Bad Tölz zu dialysieren. Da es uns aber in Tutzing sehr gefiel, und dort auch am Mittwoch für uns beide noch eine Dialyse möglich war, sagten wir kurzerhand Murnau und Bad Tölz für Mittwoch ab.
Beim Telefonat mit einer freundlichen Krankenschwester in Murnau erfuhr Achim, dass im dortigen Dialysezentrum gespannt unsere Wanderung im Internet verfolgt wurde.

Joachim:
Regen, Regen, Regen! Nach dem Frühstück fragte ich unseren Herbergswirt nach einem „ordentlichen" Weg nach Gelting. Ich hatte den Eindruck, er war etwas beleidigt, als ich auf seinen Rat, den „schönen geschotterten Weg an der Loisach" zu nehmen, nicht einging, sondern nach einem anderen Weg fragte. Vielleicht hatte er ja auch meine letzten beiden Wanderberichte mit meiner Kritik über die Wanderwege gelesen?

Jedenfalls war ich am Vorabend noch mal mit dem Auto unterwegs, um einen gangbaren Weg nach Beuerberg zu suchen. Dabei sah ich auch den Weg an der Loisach. Da er wegen des vielen Regens sehr, sehr nass war, wollte ich ihn nicht benutzen. Nach dem Frühstück und dem Einladen des Autos ging es um 8.00 Uhr mit Regenumhang los. Erst kurz noch mal in Wolfratshausen über die Loisachbrücke und weiter nach Gelting. Hinter Gelting bekam ich, trotz des Regens, einen kleinen nebligen Ausblick auf die Alpen. Viel „Weiß" war noch zu sehen.

Immer im mehr oder weniger strömenden Regen lief ich durch Un-

ter- und Oberherrnhausen bis zur Pension „Zur Mühle" in Beuerberg. Trotz des Umhangs waren meine Hosen bis zu den Hüften total durchnässt. Da für die nächsten Tage noch mehr Regen vorausgesagt wurde, kaufte ich vor Dialysebeginn in Tutzing noch eine Regenhose. Besonders möchte ich mich bei dem netten Dialysepersonal bedanken, welches mir unter anderem spontan mit einem Schirm aushalf.

Joachim in seiner Wanderkleidung

Dienstag, 1. Juni 2010
Beim Wetter nichts Neues
(Vierter Wandertag, Beuerberg – Benediktbeuern, 19 + 1 Kilometer)

Mario:
Und schon wieder um 7 Uhr aufstehen. Ich hätte es zu Hause so schön gemütlich haben können ...
Na ja, also waschen und ab in den Frühstücksraum. Die nette Dame von der Rezeption bereitete hier auch das Frühstück zu. Wie immer war es wieder sehr lecker.
Wenn man aus dem Fenster schaute ... genau ... es regnete! Aber Achim hatte ja nun eine Regenhose.

Mit dieser Hose und seinem Umhang machte er sich gegen 9.30 Uhr auf den Weg zu unserer nächsten Pension – dem Gästehaus des Klosters Benediktbeuern.

Ich ließ es wieder schön ruhig angehen, schaute noch mal heimlich in meinem Kühlschrank nach dem Rechten, surfte noch etwas im Internet, „etwas" telefonieren, den Rest des Gepäcks ins Auto packen, die Unterkunft bezahlen und ab ging's nach Benediktbeuern. Auf meiner Fahrt sah ich Achim nach einigen Kilometern auf dem Weg neben der Straße im strömenden Regen wandern. Ehrlich, er tat mir schon irgendwie Leid ...

Zum ersten Mal sah man heute richtig schön die Alpen vor sich (na ja, etwas im Nebel). Wenn ich allerdings daran dachte, dass Achim morgen langsam die Berge in Angriff nehmen wollte, wurde mir schon etwas mulmig. Wir hatten auf jeden Fall beschlossen, vor jeder Bergstrecke die Bergwacht anzurufen und uns über die Begehbarkeit der Wege zu informieren. Durch den vielen Regen der letzten Tage konnte es schon etwas problematisch werden.

Bevor ich das Gästehaus fand, hatte ich schon einen Rundgang durch das ziemlich große Klostergelände (zwangsläufig) gemacht. Dann hieß es wieder ausladen, da wir 2 Tage hier bleiben würden.

Nach dem Tipp von Sven (ein Freund aus Chemnitz) auf der Internetseite kaufte ich für Achim etwas Lavendel-Öl. Nun hoffte Achim, dass ihm die Zecken aus dem Weg gehen würden. Das Zeug roch richtig gut. Vielleicht sollte ich mich auch etwas damit einreiben? Wer wusste schon, für was das noch gut sein konnte ...

Von so einem Kühlschrank hatte Mario immer geträumt

Etwa um 15 Uhr rief ich Achim auf dem Handy an. Da befand er sich schon in der Nähe des Gästehauses. Da ich in einer Drogerie Waschmittel gekauft und Achims Zimmerschlüssel hatte, machte ich mich schleunigst auf den Rückweg und empfing Achim vor dem Gästehaus.

Ich schlug Achim vor, an diesem Abend wieder Königsberger Klopse mit Reis zu machen. Da Achim vom letzten Mal sooo davon begeistert war, stimmte er „sofort" zu. Er musste noch einige Wochen mit mir auskommen, also hatte er eigentlich keine andere Wahl.
Achim legte sich dann erst mal etwas schlafen. Gegen 19 Uhr machte ich das Abendbrot. Kommentar von Achim nach dem Essen: „Ich habe schon schlechter gegessen!" Ich beschloss, einfach nicht darüber nachzudenken, wie er das meinte ...

Joachim:
Vom Wetter erwartete uns an diesem Tag nicht viel Neues. In der Nacht und fast den ganzen Tag regnete es. Nach einem ruhigen Morgen verabschiedete ich mich um 9.30 Uhr im Regen von der schönen

Start zur Tagestour vor unserer Unterkunft in Beuerberg

Pension „Zur Mühle" und verließ Beuerberg auf dem Jakobsweg. Zu meinem Verdruss war der erhoffte Radweg nicht vorhanden, sodass ich 6 Kilometer bis Maxkron auf der linken Straßenseite laufen musste. Im Gegensatz zum Vortag war die Straße aber heute viel belebter. Dazu kam noch der anhaltende Regen. Weil meine Jeans gestern bis zur Hüfte nass geworden waren, hatte ich die gekaufte Regenhose an. Diese erfüllte ihren Dienst auch ganz gut. Das Problem war jedoch: Saugten die Jeans gestern den Regen auf, lief er heute gleich in Richtung Schuhe. Da ich mich in der Hoffnung auf gutes Wetter, wie in den letzten 2 Wanderjahren, für die leichteren Walkingschuhe entschieden hatte, waren schon nach 3 Kilometern die Schuhe durchnässt, und ich hatte für den Rest der Wanderung nasse Füße.

Gerade als ich etwas unmutig meine nassen Füße bemerkte, fuhr Mario mit dem Auto fröhlich hupend an mir vorbei. (Anm. Mario: Also bei mir war es schön trocken und warm!) *Da fuhr nun meine letzte Möglichkeit auf trockene Füße davon. Also musste es so gehen. Mein Problem war, im regennassen Umhang und mit nassen Füßen konnte ich mich nicht gut zur Rast in eine Gaststätte setzen. Das Ablegen des Umhangs wäre noch möglich gewesen, aber die Füße hätten bei der Ruhe noch mehr gefroren. Das längere Ausziehen und Trocknen von Schuhen und Strümpfen wollte ich dem Personal, aber besonders anderen Gästen, nicht zumuten.* (Anm. Mario: Eine wirklich gute Idee!) *Also weiter! Aber irgendwie brauchte ich doch mal eine Sitzgelegenheit, um mich kurz auszuruhen. In den letzten 3 Tagen hatte ich keine Bushaltestelle bemerkt und überlegte gerade, wie ich mich am Abend in meinem Bericht darüber auslassen könnte, als in Penzberg / Maxkron plötzlich ein solches Häuschen vor mir auftauchte. Herrlich! Kurz gesessen, einige Waffeln gegessen und weiter.*

Etwas später fiel mir auf, dass ich vergessen hatte, in der Karte nach dem richtigen Weg zu schauen. Aber etwa 1 Kilometer weiter war wieder eine „ordentliche" Bushaltestelle. Da mir etwas die Orientierung fehlte, fragte ich einen Autofahrer. Seiner Meinung nach war ich zu weit – also zurück! Nach etwa 200 Metern hielt der Pkw-Fahrer wieder neben mir und bat mich mit Handzeichen ins Auto. Da ich dachte, er wollte mir wegen des Regens zur Hilfe eilen und mich gleich nach Benediktbeuern fahren, schüttelte ich mehrmals energisch mit dem Kopf. Dann überlegte ich mir, dass ich diesen Weg schon gegangen war. Er könnte mich also bis zu der Stelle fahren, wo der richtige Weg abging. Das war auch nur das Anliegen dieses netten Pkw-Fahrers gewesen – DANKE!

Ein asphaltierter Weg führte mich zum Teil an der Loisach entlang bis nach Schönmühl. Ab dort ging es reichliche 2 Kilometer auf dem Radweg neben einer viel befahrenen Straße weiter. Ich lief links und rechts in der Nähe von Bahngleisen an Bichl vorbei und erreichte gegen 15 Uhr das Kloster Benediktbeuern. Mario empfing mich wie einen Gewinner – mit wehenden Fahnen. Wahrscheinlich wollte er mich nach dieser schweren Tour etwas aufheitern.

Standesgemäßer Empfang von Joachim am Kloster Benediktbeuern

Mittwoch, 2.6.2010
Es regnete immer noch
(Fünfter Wandertag, Kloster Benediktbeuern – Kochelsee, 11 Kilometer)

Mario:
Da Achim heute zeitig zu seiner Tagestour los musste (um 13 Uhr war ja Dialyse in Tutzing) hieß es wieder um 6 Uhr Aufstehen und um 7 Uhr Frühstück. Übernachtung und Frühstück in einem Kloster – nicht schlecht ...

Außer, dass es zum Frühstück nur am Freitag Brötchen gab, schmeckte alles wie immer – lecker! Auffällig war, dass mehrere, wohl allein reisende Frauen mit in den Frühstücksraum kamen. Diese Übernachtungsmöglichkeit sollte man(n) sich also merken ...

Joachim im Regen ...

Nach dem Frühstück begann Achim von unserer Unterkunft aus seine Tagestour – natürlich im strömenden Regen.

Ich schaute mir noch etwas das im Jahr 725 erbaute Kloster (eines der ältesten Benediktinerklöster Bayerns) samt Klosteranlage, die auch einen Klosterladen und eine Gärtnerei beherbergte, an. Danach ging ich erneut zur Gästehausverwaltung des Klosters Benediktbeuern, um einen Eintrag in Achims Wanderbuch zu erbitten. Diesen Wunsch erfüllte uns die nette Dame am Empfang auch prompt, trotz der gerade anwesenden großen englischen Reisegruppe.

Heute kamen das erste Mal unsere Funkgeräte zum Einsatz. Bis der Kontakt nach etwa 4 Kilometern abriss, testeten wir immer mal wieder die Reichweite der Geräte. Ich denke, bei Achims nächsten Touren in den Bergen werden wir sie öfters benötigen.

Gegen 10 Uhr machte ich mich dann auf den Weg, um Achim vom Kochelsee abzuholen. Auf meiner Fahrt dahin überholte ich ihn wieder bei strömenden Regen. Er tat mir auch heute wieder Leid – ehrlich. Fast pünktlich kam er aber trotzdem mit guter Laune am Treffpunkt an.

Dann ging es zusammen im Auto wieder zurück ins Kloster. Eine halbe Stunde später machten wir uns auf zur Dialyse nach Tutzing. Da wir dort das letzte Mal vergessen hatten, Mittagessen zu bestellen, gab es für uns nichts Warmes. Das bedeutete, genau, ich würde am Abend wieder Königsberger Klopse kochen!

Eine tolle Überraschung gab es für uns noch am Ende der Dialyse. Von dem Personal erhielten wir zum Abschied eine große und 2 kleine Flaschen Sekt mit Trinkbechern. Die kleinen Flaschen sollten wir am Ziel der Wanderung auf dem Markusplatz in Venedig öffnen und anstoßen. Eine tolle Idee und natürlich wollten wir das auch so machen. Vielen Dank für alles an das nette Personal der KfH-Dialyse in Tutzing!

Nein, natürlich hatte ich heute nicht schon wieder Königsberger Klopse gemacht. Schließlich war ich ein begnadeter Koch und kann auch andere Büchsengerichte warm machen. Heute Abend gab es deshalb Würzfleisch mit Toastbrot. Selbst Achim meinte, das wäre lecker gewesen. Da Achim ziemlich kaputt war, legte er sich dann gleich ins Bett und ich schrieb noch den Bericht zu Ende. Am nächsten Tag konnten wir auch mal ausschlafen – bis 8 Uhr ...

Herzliche Verabschiedung durch das Personal der KfH-Dialyse in Tutzing

Joachim:

Nach einer sehr unruhigen Nacht und einem guten Frühstück im Kloster lief ich bei Regen gegen 8.15 Uhr los. Am Morgen hatte ich über meine Walkingschuhe blaue Plastiküberzieher gezogen. Wie heißt es doch so schön in dem Sprichwort: „Man darf etwas dumm sein, man muss sich nur zu helfen wissen!"

Bis Pessenbach ging es zunächst auf einer Nebenstraße, dann aber ca. 2 Kilometer direkt auf der B11 entlang. Der Verkehr war nicht extrem stark, trotzdem war ich sehr froh, als ich am Ende von Pessenbach rechts nach „Ort" abbiegen konnte. Auf der Wanderkarte war neben

diesem Dörfchen und neben den Bahngleisen ein „Allwetter-Weg" eingezeichnet. Er hielt, was man aus dem Namen schließen konnte, und war bis Kochel am See wirklich ganz gut begehbar. Ein ganzes Stück musste ich durch den Ort laufen, bis ich den See erreichte.

Joachim am Abzweig zum Walchensee-Kraftwerk

Sein Anblick enttäuschte mich etwas, war der Ausblick doch nebel- und wolkenverhangen. Wenn ich an einer Anlegestelle vorbeilief, so sah ich weder ein Schiff noch ein Boot auf dem See. Der Fußweg war oft voller Pfützen und auch direkt neben dem Weg sah es sehr nass aus, sodass meine Füße nicht ganz trocken blieben.

Endlich erreichte ich Mario an der Abzweigung zum Walchensee-

Kraftwerk. Vermisst hatte ich an diesem Tag seinen Empfang mit wehenden Fahnen. Na ja, es waren ja auch nur 11 Kilometer, etwas mehr als die Hälfte von gestern. Wahrscheinlich hatte ich es mir in seinen Augen noch nicht verdient. (Anm. Mario: Ich gelobe Besserung. Du hattest es dir wirklich verdient!)

Donnerstag, 3.6.2010

Hotdog und Cola

(Sechster Wandertag, Urfeld – Wallgau, 14 + 5 Kilometer)

Mario:

Heute war Ausschlafen angesagt, bis 8 Uhr, herrlich ...
Gegen 8.30 Uhr ging es dann zum letzten Frühstück ins Kloster. Auf dem Weg dahin begleitete uns Regen, immer wieder von Kanonendonner unterbrochen. Wie mir Achim in einer langen und ausführlichen Geschichte erklärte, gehörte das hier in Bayern zum Feiertag Fronleichnam, der ja am 3. Juni war, dazu.

Nach dem Frühstück erkundigten wir uns im Kloster (beim Alpenverein war heute wohl wegen Fronleichnam keiner zu erreichen) nochmals ausführlich über die Begehbarkeit des Bergweges vom Kochelsee zum Walchensee. Aufgrund des tagelangen Regens, der uns auch an diesem Tag nicht verschonte, wurde Achim dringend davon abgeraten, diesen Weg zu nehmen. Er wäre, aufgrund der Beschaffenheit des Bodens, auf jeden Fall sehr rutschig, und die Gefahr, sich zu verletzen, wäre ziemlich groß gewesen. Da auch auf der Bundesstraße 11 aufgrund der Serpentinen und eines nicht vorhandenen Fußweges kein Wandern möglich war, entschlossen wir uns, den Auf- und Abstieg zum Walchensee mit dem Auto zu fahren. Ich war erleichtert, dass das Achim mit seinem ohne Zweifel vorhandenen Ehrgeiz einsah.

Da nun noch etwas Luft bis zum Aufbruch war, schaute sich Achim noch das Kloster an. Ich packte schon meine Sachen zusammen. Gemeinsam luden wir dann das Auto wieder ein, da die nächste Pension in Mittenwald auf uns wartete. Gegen 11.30 Uhr machten wir uns auf nach Urfeld. Dort befand sich der neue Startpunkt von Achims Wanderung. Damit wurde der Aufstieg zum Walchensee umgangen.

Um erst keine Zweifel aufkommen zu lassen, setzte ich mich gleich hinter das Steuer. Schließlich warteten jetzt schöne Serpentinen auf

Café am Walchensee

mich. Das war wirklich beeindruckend und ein klein wenig testete ich dort die Straßenlage von Achims Auto. Irgendwie war es komisch – außer ab und zu ein „Pass auf" und „Mach langsam", war von Achim nicht mehr viel zu hören. Er sank immer mehr auf dem Beifahrersitz zusammen. Also ich fand die Fahrt spitze!

Mitten auf dem Berg legten wir noch einen kurzen Fotostopp ein. Mithilfe von Achims „genialem" Fotostativ versuchten wir ein Bild von uns beiden mit Blick auf den Walchensee zu machen. Nach einigen Schwierigkeiten beim Aufstellen des Tischstativs auf der Motorhaube des Autos gelang dies schließlich auch. In Urfeld angekommen, machten wir es uns zum Mittag in einem Café gemütlich. Achim erklärte mir bei dieser Gelegenheit, warum die Cola, die ich mir hier gönnte, für mich nicht gut sei. Na ja, was sollte ich sagen – ich trank sie trotzdem. Ich verzichtete großzügig darauf, Achim zu erklären, warum die beiden Hotdogs, die er gerade verdrückte, wohl auch nicht viel gesünder als meine Cola waren.
Nach unserem „gesunden" Mittagessen machte sich Achim auf seine

Tagestour in Richtung Wallgau. Ich fuhr mit dem Auto weiter nach Mittenwald in unsere neue Pension. Nach dem Inspizieren unserer Zimmer begann ich mit dem Auspacken des Autos.

Gegen 17.30 Uhr begab ich mich wieder auf den Weg nach Wallgau. Am Treffpunkt war Achim nicht über Funk zu erreichen. Meine Befürchtung, dass er noch sehr weit entfernt war, stellte sich als unbegründet heraus. Die Reichweite der Funkgeräte war hier sehr gering. Achim war nur noch etwa 1 Kilometer vom Treffpunkt entfernt. Ich lief ihm noch etwas, für mich gefühlte 5 Kilometer, entgegen.
(Anm. Joachim: Mit etwas weniger Cola würde dich dein Gefühl vielleicht nicht mehr so täuschen!)

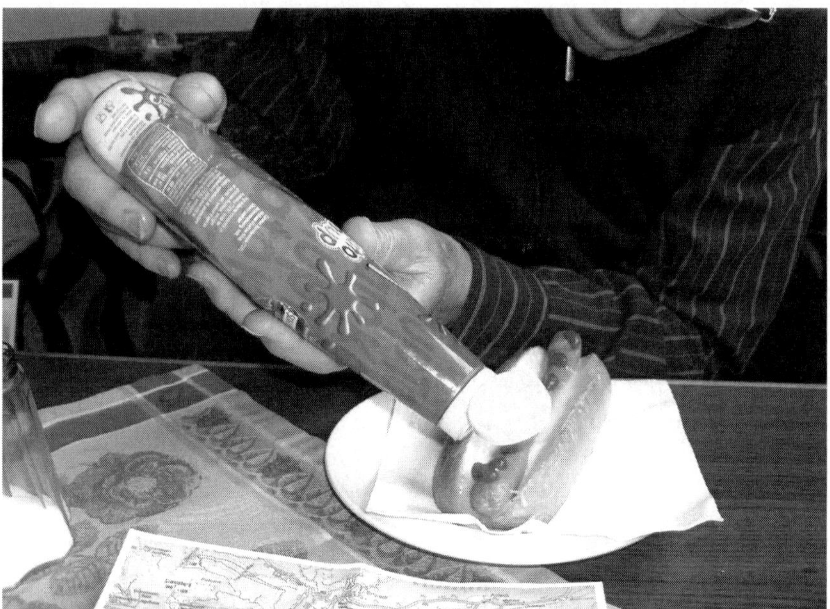

Joachims Wandernahrung: Hotdogs

Den heute ziemlich erschöpften Achim begleitete ich zurück zum Auto und es ging wieder in die Pension nach Mittenwald. Ich konnte Achim ziemlich schnell überzeugen, mal wieder Königsberger Klopse mit Toastbrot zu essen. Schließlich hatten wir das sooo lange nicht ...

Joachim:

Erst mal muss ich mich zu Marios Anspielungen äußern: Marios eigenes Auto stand kurz vor der Verschrottung. Umso heißer zeigte Mario sich auf meinen „fast" neuen Wagen. Eigentlich sitze ich ungern auf dem Beifahrersitz. Um Mario aber nicht ganz die Motivation zu nehmen, ließ ich ihn auch oft fahren. Gott sei Dank fuhr er nicht schlecht. Eine Schwäche hat Mario aber: Serpentinen. Wenn Mario mit quietschenden Reifen die Serpentinen hoch und runter jagen konnte, war er in seinem Element. Kleiner wurde ich dabei nicht im Sitz, im Gegenteil, um Marios Rennfahrergene zu bremsen, muss ich ihm öfters Hinweise geben, damit wir nicht durch die Leitplanken brachen. Aber dank meiner „großen" Umsicht ging immer alles gut. Kurz noch zum Thema Cola und Hotdog: Ich glaube, dass Marios Cola genauso viel Kalorien hatte wie meine Hotdogs. Nur, ich lief mir die Kalorien ab, während Mario mir ständig die Ohren volljammerte, dass sein Bauch immer größere Ausmaße annahm.
(Anm. Mario: Ja, ja, ist ja gut.)

Nun zur Wanderung: Nach den 2 Hotdogs wanderte ich bei leichtem Regen, wie konnte es anders sein, in Urfeld los. Immer am Walchensee entlang ging es auf der B11 über den Ort Walchensee nach Einsiedl. In meiner Karte war ab Einsiedl kein durchgängiger Radweg eingezeichnet. Nachdem ich vom Campingplatz kommend, wieder die B11 erreichte, war auch kein Radweg zu sehen. Auf der B11 konnte ich ebenfalls nicht laufen, da es auf beiden Seiten Leitplanken gab und somit kein Platz für Fußgänger vorhanden war. In der Karte waren Ausweichwege auf der anderen Seite der B11 eingetragen. Also überquerte ich die Bundesstraße und lief aufwärts in Richtung Walchenseeblick, in der Hoffnung bald den Weg zu erreichen, welcher parallel zur Straße Richtung Wallgau verlief.

Es ging zum Teil ziemlich steil und anhaltend bergauf. Aber ich hörte die Autos noch und war beruhigt – also weiter bergauf. Plötzlich schien ich oben zu sein, aber nein, nach einer Kurve ging es höher und höher. Autos hörte ich schon lange nicht mehr. Jetzt teilte sich endlich der Weg. Nach links, das musste der Weg nach unten sein. Aber nach 500 Metern war auf einem Geröllfeld Schluss, welches sich unter den großen Überlandstromleitungen befand. Also wieder zurück und weiter den Berg hoch und höher. Wo würde dieser Weg bloß enden? Aber endlich ging es wieder bergab.

Sehr oft kreuzten reißende Bäche den Weg oder sie begleiteten mich auf der Seite. Und wieder teilte sich der Weg. Jetzt gab es sogar ein Hinweisschild, nur mein Ziel, Wallgau, gab es nicht. Nachdem ich mich etwas umgesehen hatte, entdeckte ich im Graben einen herausgerissenen Wegweiser. Hier muss jemand ähnlich sauer gewesen sein wie ich und wollte wohl den ganzen Wegweiser entsorgen. Auf dem Wegweiser war Wallgau erwähnt, aber in der gleichen Richtung wie Einsiedl, von wo ich vor über 1,5 Stunden losgelaufen war. Da der andere Weg anstieg, ging ich notgedrungen in Richtung Einsiedl / Wallgau bergab und kam ca. 500 Meter von meinem Startpunkt, nahe Einsiedl, wieder an.

Es war zum Mäuse melken, nur 500 Meter weitergekommen – mit viel Anstrengung in fast 2 Stunden. Da lief ich sonst eigentlich 6 bis 8 Kilometer – ich hatte die Nase gestrichen voll! Sogar ein ordentlicher Radweg war nach Einsiedl ausgeschildert. Nur auf meiner Karte gab es den nicht. Jetzt war ich aber ganz schön sauer auf den Hersteller der Karte. Aber was sollte es! Trotz schwerer Beine musste es weitergehen! Die restlichen 6 Kilometer bis nach Wallgau wurden dann doch schon etwas zur Qual.

Endlich, gegen 18.20 Uhr, erreichte ich das Gasthaus „Zur Post" und setzte mich erleichtert auf den Beifahrersitz meines Autos. Ich war dankbar, dass Mario fuhr. Serpentinen gab es zum Glück bis Mittenwald nicht!

Freitag, 4.6.2010
Endlich Sonne
(Siebter Wandertag, Wallgau – Scharnitz, 21 Kilometer)

Mario:
An diesem Tag gab es um 8.00 Uhr Frühstück. Dabei trafen wir einen Herrn aus Chemnitz. Die Welt war eben ein Dorf.
Wir begannen den heutigen Tag in aller Ruhe. Achim studierte noch mal seine Wanderpläne. Man sollte es nicht glauben – wenn man raus schaute, konnte man die Sonne sehen!

Danach fuhren wir mit dem Auto entspannt nach Wallgau, dem Endpunkt des vorhergehenden Tages. Da wir genau neben dem Rathaus parkten, nutzten wir die Gelegenheit und gingen gleich mal zusammen hinein. Wir hatten nämlich wie immer Organspenderausweise zum Auslegen dabei. Der netten Dame am Empfang erklärte Achim sehr wortreich das Anliegen unserer Wanderung. Die Ausweise wurden dann auch prompt von der Dame schön sichtbar im Rathaus ausgelegt.

Weingeist – nur 97 Prozent Alkohol

Danach machte sich Achim bei schönstem Sonnenschein auf den Weg. Ich fuhr zurück in die Pension. Dort schaute ich mir verschiedenes Kartenmaterial an und entschied mich dann, einmal mit der Karvendelbahn, einer Seilbahn, auf über 2000 Metern zu schweben. Ich wollte Achim beweisen, dass man, auch ohne zu schwitzen und in weniger als 5 Stunden, solche Höhenunterschiede bewältigen konnte.

Ich kaufte mir also für 22 Euro eine Karte für die Hin- und Rückfahrt. Wir Besucher standen schon einige Zeit in der Gondel, bevor wir aufgefordert wurden, sie wieder zu verlassen. Es gäbe einen Defekt an der Elektrik. Das hätte rein gar nichts mit der Sicherheit zu tun, wurde uns versichert. In einigen Minuten würde es losgehen. Also warten. Aus den „einigen Minuten" wurde dann mehr als eine halbe Stunde. Da ich Achim holen musste, entschied ich mich gegen die Fahrt und ließ mir das Geld zurückgeben – schade ... aber man musste ja Opfer bringen.

Ich machte mich dann langsam auf den Weg nach Scharnitz in Österreich, dem Endpunkt von Achims heutiger Wanderung. Dort angekommen gönnte ich mir erst einmal einen Almdudler, eine köstliche, eisgekühlte Kräuterlimonade. Danach schaute ich mir noch etwas den Ort und die Isar an, die hier ziemlich rasant hindurch floss. Bei meiner Ortsbesichtigung fiel mir die „Speckklause" auf. Davor stand auf einer Tafel, dass man hier „Weingeist" mit 97%! kaufen konnte. Na ja ..., eigentlich konnte man da ja gleich in die Apotheke gehen und sich reinen Alkohol kaufen. Es beruhigte mich, als ich erfuhr, dass der Weingeist nicht zum direkten Genuss, sondern zur Herstellung von selbst gemachten Likören und zum Ansetzen von Kräutern gedacht war.

Wunschgemäß empfing ich Achim heute wieder mit wehender Deutschlandfahne. Ob ich mich das auch noch zur Fußballweltmeisterschaft trauen würde – dann sollten wir in Italien angekommen sein – konnte ich jetzt noch nicht sagen.
Wahrscheinlich wollte Achim heute Abend den Königsberger Klopsen aus dem Weg gehen. Jedenfalls folgte er widerspruchslos meinem Vorschlag, noch etwas in einem Café zu essen.

Frisch gestärkt ging es dann wieder mit dem Auto zurück zur Pension nach Mittenwald. Für den nächsten Tag plante Achim um 6 Uhr loszugehen – toll ...

Start der Tagestour bei Sonnenschein in Wallgau

Joachim:

Nach einem guten Frühstück fuhren wir gegen 9.30 Uhr mit dem Auto nach Wallgau. Im Rathaus erhielten wir einen Stempel sowie einen Spruch in das Wanderbuch und übergaben nach Darlegung unseres Anliegens noch Organspenderausweise.

Wieder am Gasthaus „Zur Post" startete ich gegen 10.20 Uhr. Heute war es zum Wandern schon fast zu warm, aber ideales Fotowetter mit tollen Bergmotiven. Durch den Ort Krün lief ich zur Kapelle „Maria Rast" auf den Buckelwiesen, wo ich mit 2 Frauen über die

Wanderung und unser Anliegen sprach. Sie hätten mir am liebsten das Rucksack-Schild mit dem wandernden Spritzenmännchen abgekauft.

Weiter wanderte ich gemächlich immer mehr bergauf. Von 866 Höhenmetern in Wallgau ging es bis auf reichlich 1000 Meter zum Toni-Hof und dann wieder leicht bergab. Mittenwald mit 911 Höhenmetern erreichte ich gegen 14.20 Uhr. Zuerst besuchte ich die evangelische Kirche. Fast eine Stunde ruhte ich mich im klimatisierten Innenraum aus. Dabei las ich etwas im ausgelegten Gästebuch und fügte auch ein paar Gedanken und Bitten ein.

Mein nächster Gang führte mich wieder zum Rathaus. Hier sprach ich einige Zeit mit einem interessierten Mitarbeiter, erhielt einen Stempel in das Wanderbuch und überreichte den Rest der Organspenderausweise. Da es sehr warm war und ich fast an unserer Pension vorbeilief, versuchte ich Mario per Handy zu erreichen. Er konnte mir als „hitzegeprüftem Wandersmann" ja eine Erfrischung beim Vorbeilaufen reichen, wie bei den Marathonläufern. Auf eine Wasserdusche hätte ich allerdings verzichtet. Leider war Mario nicht da. (Anm. Mario: Zum Glück!) *Den Schlüssel zur Pension hatte er auch bei sich. Na ja, war wohl nichts mit meiner Erfrischung.*
Aus Mittenwald heraus ging es immer an der Isar entlang, wo ich an einer kleinen Scheune ein interessantes Schild mit folgender Aufschrift fand „Nicht hintern Stadl scheißn, gilt für Bayern,Tiroler und auch Preißn". Ich als Sachse fühlte mich nicht angesprochen, wobei ich auch kein „Bedürfnis" hatte. Aber ein kleiner Hund kümmerte sich nicht um das Schild und setzte gleich daneben sein Häufchen. Ich ließ ihn gewähren, es war ja nicht mein Stadl.

Weiter ging es durch die Ried Alm, auf der viele Rinder grasten. Einige standen am oder sogar auf dem Weg. Nicht nur Marios Angstpegel wäre beim Durchqueren der Alm ganz schön gestiegen. Als gelernter Bauer (Rinderzüchter) hatte ich keine Probleme, zwischen den Tieren zu laufen. Trotzdem schaute ich mich öfters um, da ich nicht wusste, ob der Bauer auch einen Bullen mit auf die Weide gestellt hatte. In Gedanken suchte ich einen Fluchtweg. Da hier kaum Bäume standen, sondern meist nur Gestrüpp wuchs, hätte ich versucht in Richtung der angrenzenden Isar zu entkommen, in der Hoffnung, dass

Ohne Worte ...

der Bulle wasserscheu war. Zum Glück begegnete mir kein Bulle. Ich erreichte bald darauf Scharnitz, wo mich Mario endlich wieder mit einer Deutschlandfahne, verhaltend winkend, begrüßte. Er hatte wohl Angst vor gewalttätigen Übergriffen der östereichischen Fussballfans.

Samstag, 5.6.2010
Es wird immer früher
(Achter Wandertag, Scharnitz -Seefeld, 14 Kilometer)

Mario:
An diesem Tag war um 5.30 Uhr Aufstehen angesagt – welch ein Wahnsinn! Na ja, Achim war ja der Chef, und wenn der Chef sagte, 5.30 Uhr aufstehen, dann musste das befolgt werden. Achim wollte bei seiner Wanderung der Sonne etwas aus dem Weg gehen. Irgendwie sehnte ich schon den Regen zurück – da konnte ich wenigstens ausschlafen.

Pünktlich um 6 Uhr klopfte Achim an meine Zimmertür. Er hatte zu diesem Zeitpunkt schon gefrühstückt. Noch halb im Schlaf machte ich mich mit Achim auf zum Auto. Irgendwie war es mir ganz recht, dass er zu seinem Startpunkt der Tagestour in Scharnitz selbst fahren wollte. Da es eh keine Serpentinen auf der Strecke gab, ließ ich ihn fahren.

In Scharnitz angekommen, machte sich Achim auf den Weg zu seinem heutigen Zielpunkt in Seefeld/Österreich.

Noch immer halb im Tiefschlaf fuhr ich mit dem Auto wieder nach

Toller Blick auf die Berge...

Mittenwald. Dort schaffte ich es gerade noch, fast schlafend, in mein Bett zu fallen. Für eine Stunde hatte ich noch etwas Ruhe, bevor ich zum Frühstück ging. Schließlich wollte Achim ja schon um10 Uhr wieder in Seefeld abgeholt werden, da wir noch zur Dialyse nach Innsbruck mussten.
Schnell schaute ich mir noch einige Landkarten an, packte meine Dialysesachen zusammen und machte mich dann auf zu Achim nach Seefeld. Unterwegs kaufte ich uns eine 10-Tages-Vignette für Österreich und eine Karte für den Brennerpass. Eigentlich hatte ich den Auftrag von Achim, unterwegs noch ein Toastbrot zu kaufen. Dafür

war aber keine Zeit mehr. Pünktlich um 10 Uhr war ich in Seefeld und versuchte, Achim anzufunken. Der meldete sich auch gleich und gab mir seinen genauen Standort durch. Den gab ich in das Navi ein und 5 Minuten später war ich bei Achim.

Wir hatten uns vorgenommen, noch einen UMTS-Stick mit SIM-Karte fürs Internet in Österreich und Italien zu kaufen, bevor wir uns zur Dialyse aufmachten. Bei unserer Vorbereitung hatte ich dazu schon alle Daten, inklusive der Adresse des Ladens, recherchiert. Ich schrieb alles ordentlich auf einen Zettel – aber der lag in der Pension. Zum Glück hatte ich alles auch im Netbook gespeichert. Also Netbook anwerfen (das ist ja für die Dialyse immer dabei) und Adresse rausfinden.

Als wir diese endlich hatten, ging es Richtung Innsbruck. Trotz einiger verwirrender Angaben des Navis erreichten wir den gesuchten Laden, kauften den Stick, aßen und tranken etwas und traten den Weg zur Dialyse an.

Diese fanden wir auch recht schnell. Nach einer netten Begrüßung durch das Personal der Dialyse wurden wir angeschlossen. Die Dialyse verlief auch heute ohne größere Probleme. Mittagessen gab es hier leider nicht, aber die belegten Brötchen waren auch sehr lecker.

Nach der Dialyse entschlossen wir uns, mal wieder essen zu gehen. Wir hatten wohl beide keinen Appetit auf Königsberger Klopse. Achim gönnte sich Leber nach Tiroler Art und ich mir einen Schweinegulasch mit Knödeln. An meine Königsberger Klopse kam das natürlich alles nicht heran – aber es war mal etwas anderes ...

Joachim:
Aufgrund der Wärme und der heutigen Dialyse musste ich beizeiten aufbrechen. Mir persönlich gefiel das Wandern am erwachenden Morgen sehr gut. Das ließ sich von Mario leider nicht sagen. Um 5.30 Uhr weckte ich ihn, und als wir um 6.15 Uhr nach Scharnitz aufbrachen, war es ihm sehr recht, dass ich fahren wollte. Er würde sich über die Temperaturen in Italien wundern! Dann würde es mindestens noch eine Stunde früher losgehen. Na, hoffentlich würde ich diese Schlafmütze überhaupt aus dem Bett bekommen! Ich nahm

mir vor, ihn einfach auf die Rückbank zu rollen und wenn er ausgeschlafen hätte, müsste er zurück ins Quartier fahren … (Anm. Mario: Dem Kerl fehlt es einfach an Toleranz!)

Um 6.30 Uhr startete ich bei ziemlicher Kälte in Scharnitz. Ich fror an den Händen und musste schneller laufen, um nicht zu frieren. Da aus Zeitgründen die Vorbereitung wieder mal zu kurz kam, lief ich aus Scharnitz links statt rechts heraus. Der Weg ging oft neben den Gleisen entlang, wurde aber immer schmaler und war letztendlich nur noch ein kleiner Pfad. Als Fußgänger hatte ich schon manchmal Probleme bei der Bewältigung des oft stark an- und absteigenden

Durch den vielen Regen gefährlich ausgespülte Wanderwege

Weges. Aber ich sah darauf viele Fahrradspuren – Mountainbiker. Viele Jugendliche suchten hier ihren Kick. Schon auf meiner ersten Etappe aus München heraus, an der Isar entlang, sah ich viele Mountainbiker im Wald und an den Hängen neben mir auf total schlammigen Wegen fahren. Beim Vorbeigehen hörte ich, dass mein Weg der „Mädchenweg“ war.

Wenn ich das Gefahrenpotenzial in der Freizeit der heutigen Jugend mit dem meiner Jugend verglich, mochte ich mir gar nicht vorstellen, was meine Enkel in 20, 30 Jahren im pubertären Alter wohl anstellen würden. Plötzlich hörte ich Wasser rauschen und quer vor mit tauchte ein kleines Flüsschen auf. Kein Übergang war in Sicht! Sollte ich wirklich wieder umdrehen und die 3 bis 4 Kilometer zurück laufen? Nein! Das hätte meinen heutigen Zeitplan total durcheinandergebracht. Oder durchschwimmen? Wieder nein! Immer weiter laufend suchten meine Augen angestrengt das Ufer nach einer günstigen Überquerungsmöglichkeit ab, als glücklicherweise eine Brücke zu sehen war.

In Gießenbach kam ich auf den regulären Wanderweg nach Seefeld mit dem Namen „Hirnweg". Dieser Weg war mit vielen kleinen und großen Wasserläufen durchzogen, welche den Weg nach dem starken Regen zum Teil regelrecht zerstört hatten. Vor 2 Tagen, nach dem großen Regen, wäre der Hirnweg wahrscheinlich unpassierbar gewesen. Die Menschen hier wussten mit solchen Schäden jedoch umzugehen. Ein Querweg, der zu einer Alm hoch führte, war gerade wieder in Ordnung gebracht worden. Gegen 9.30 Uhr wanderte ich in Seefeld ein. Mit 1180 Höhenmetern erreichte ich den ersten „Höhepunkt" der Wanderung. Das Karwendelgebirge war bezwungen. Ich lief noch fast bis an das andere Ende von Seefeld. Dort fischte mich Mario gegen 10.15 Uhr auf und weiter ging es nach Innsbruck zur Dialyse.

Sonntag, 6.6.2010
Schönster Sonnenschein
(Neunter Wandertag, Seefeld – Völs, 22 Kilometer)

Mario:
Heute gab es um 8.00 Uhr Frühstück. Danach packten wir unsere Sachen zusammen, bezahlten die Unterkunft in Mittenwald und starteten mit dem Auto zu Achims gestrigem Endpunkt und heutigem Startpunkt seiner Wanderung – nach Seefeld.

Dort machte sich Achim auf einem Parkplatz fertig zur Wanderung. Es verging fast eine halbe Stunde, bevor er alles im Rucksack verstaut hatte, sich noch mal mit Sonnencreme eingerieben, das Hemd eingepackt, die Wanderstöcke und die Mütze gefunden, (heimlich) etwas von meiner Cola für unterwegs abgefüllt und noch etwas getrunken hatte. Dann begab sich Achim in Richtung Völs bei Innsbruck.
Ich fuhr mit dem Auto in unser neues Quartier nach Vill bei Innsbruck. Wenn Achim gewusst hätte, wie hoch dieser Ort lag und was für eine Straße dahin führte, hätte er mich bestimmt nicht mit dem Auto allein fahren lassen. Jedenfalls kam nach dem ersten Gefälle von 16 Prozent ins Tal von Innsbruck eine mindestens genau so steile Auffahrt zum Ort Vill.

Dort angekommen inspizierte ich unsere Zimmer und packte unsere Habseligkeiten aus. Leider lagen unsere Zimmer im ersten Stock, der nur über eine sehr schmale Wendeltreppe erreichbar war. Das Ausladen gestaltete sich entsprechend kräftezehrend. Einige Gepäckstücke mussten deshalb später noch mit Achim zusammen ausgeladen werden.

Danach machte ich mir einen schönen ruhigen Tag. Unsere Zimmer verfügten über Balkone mit einem herrlichen Blick auf die Berge. Ich machte es mir darauf gemütlich und genoss das Alpenpanorama. Wenn ich daran dachte, wie Achim in dieser Hitze laufen musste ... ja, er tat mir wieder Leid! ***(Anm. Joachim: Wer es glaubt ...)***

Gegen 17 Uhr machte ich mich auf nach Völs, um Achim abzuholen. Vorher fuhr ich noch kurz tanken – für 1,20 € pro Liter Super bleifrei! Wann gab es zuletzt bei uns in Deutschland solche Preise?
Beim Bezahlen an der Tankstelle meldete sich schon mein Funkgerät. Achim gab mir seine Position durch. Er war nur noch etwa 300 Meter von mir entfernt. Er war schnell gefunden. Gemeinsam ging es zurück nach Vill.

Nichts ahnend nahm Achim auf dem Beifahrersitz Platz. Spätestens bei der Steigung vor Vill bereute er dies. Es waren wieder Kommentare wie „Mach langsam“, zu hören. Davon unbeeindruckt kamen wir in Vill wohlbehalten an.

Gemeinsam luden wir den Rest aus dem Auto aus und Achim machte es sich bei einem 0,5-Liter-Glas Eistee ***(Anm. Joachim: Bloß gut, dass Eistee vieel gesünder als Marios Cola ist!)*** vor der Pension gemütlich. Bei der Hitze und nach der Anstrengung hatte er sich die aber auch verdient und ich dachte mir, dass sie sein Dialysegewicht am Diens-

Abendbrot mit Almdudler in der Pension in Vill

tag kaum beeinflussen würde. Da ich den Tag über schon hin und wieder mal nicht an der Colaflasche vorbeigehen konnte, saß ich nur mit einem trockenen Mund daneben. Ich würde mir später in der Unterkunft noch ein eiskaltes Getränk gönnen. Schließlich hatte ich heute auch ganz schön geschwitzt – beim Sonnenbad ...

Das Abendbrot in der Pension war lecker und Achim bekam seine dringend benötigten Kalorien für den nächsten Tag. Vorher musste er aber noch seinen Wanderbericht schreiben – erst die Arbeit, dann das Vergnügen!

Joachim:

Nach einer ruhigen Nacht und einem guten Frühstück packten wir wieder mal unsere vielen Sachen ins Auto und verließen die Pension.

Nachdem ich zum Schutz vor der Sonne besonders meinen Shunt-Arm mit Sonnenschutzcreme eingerieben hatte, begann meine Tagestour beim Endpunkt des vorhergehenden Tages in Seefeld. Heute musste ich von 1180 Höhenmetern in Seefeld erstmal runter bis nach Eigenhofen am Inn. Der Ort befindet sich 601 Meter über dem Meeresspiegel. Also ging es 579 Höhenmeter abwärts. Da ich die letzten Tage leichte Knieprobleme hatte, graute mir etwas vor diesem Abstieg. Jedoch mithilfe meiner Stöcke und sehr kleiner, ruhiger Schritte hatte ich selbst bei starkem Weggefälle keine Probleme. Toi, toi, toi, aber der Alpenhauptkamm lag noch vor mir.

In Seefeld, an einem sehr weitläufigen Golfplatz vorbei, kam ich zuerst nach Auland. Nicht zu verwechseln mit dem Auenland der Hobbits beim „Herr der Ringe". Ich befand mich hier auf einem schönen Fleckchen Erde, welches durchaus mit dem Land der Hobbits konkurrieren konnte. Nach einigem Suchen fand ich den Weg Nr. 93, der mich vom Auland in 2,5 Stunden immer zum Teil stark bergab bis nach Eigenhofen brachte. Am Anfang lief ich lange Strecken neben einem glasklaren, eiskalten und schäumenden Bach, was meinen Durst immer mehr weckte. Kurze Zeit später machte ich auf einer Bank unter einem Holzkreuz eine Rast. Plötzlich sah ich ein Pärchen, mit dem ich ins Gespräch kam. Beim Fortgehen erzählten sie mir, dass es 100 Meter weiter eine Quelle gab, die eiskaltes Trinkwasser spendete. Was für eine Fügung! Zuerst genoss ich langsam mehrere Schlucke von diesem Wasser. Danach leerte ich die warme Cola aus meinem Tupper-Schlumpf aus. Mario, verzeih mir! (Anm. Mario: Man sollte das Wegschütten von Cola als Straftatbestand aufnehmen!) *Dann füllte ich den Schlumpf randvoll mit diesem beinah göttlichen Getränk.*

Frohen Mutes ging es nach dieser Erfrischung weiter bergab durch einen wunderbar duftenden Hochwald, bis ich gegen 13.30 Uhr Eigenhofen und den Inn erreichte. In meiner Wanderkarte war ab hier eine „Inn-Promenade" eingezeichnet. Da ich einen gepflasterten, zumindest aber einen gut begehbaren Weg erwartete, war ich etwas enttäuscht, bis Zirl nur einen reinen Grasweg vorzufinden. Da das Gras aber trocken und vor Kurzem gemäht war, lief es sich doch einigermaßen gut. Immer am Inn entlang ging es an Zirl vorbei. Es gab hier hauptsächlich Wiesen und viele Bauern waren mit der Heuernte beschäftigt. Das ganze Tal war erfüllt vom Duft des frischen Heus.

Den letzten längeren Teil der Wegstrecke lief ich auf einem schmalen Streifen zwischen Inn und Autobahn. Die Sonne meinte es heute sehr gut mit uns. Aber bei Temperaturen von 30 Grad und mehr musste ich mich die letzten Kilometer etwas quälen. Auch die Füße taten weh und brauchten mal eine Ruhephase! Da kam mir eine Autobahnraststätte ganz recht. Ja, die Radfahrer und Wanderer fanden hier, und auch später öfters, eine Raststätte gemeinsam mit den Autofahrern. Die Toiletten schienen hier aber nicht viel zu taugen, denn mehrmals

Eine Pause muss auch mal sein ...

sah ich „Bedürftige" im Ufergestrüpp verschwinden. Aber ich brauchte keine Toilette (der Vorteil eines langjährigen Dialysepatienten), sondern eine Bank im Schatten. So etwas gab es hier ausreichend. Endlich konnte ich meine Schuhe und Strümpfe ausziehen und meinen Füßen etwas Erholung gönnen. Mit einer Portion Waffeln und dem Rest des Quellwassers stärkte ich mich für die letzten 3 Kilometer. Gegen 17.45 Uhr erreichte ich endlich Völs. Am nächsten Tag sollte es wegen der Wärme wieder früher losgehen. (Anm. Mario: Ich war sehr erfreut ...)

Montag, 7.6.2010
Wäsche waschen
(Zehnter Wandertag, Völs – Patsch, 18 Kilometer)

Mario:
Da Achim schon um 5.30 Uhr los wollte, war um 5.00 Uhr aufstehen angesagt. Ich quälte mich also aus dem Bett und fuhr Achim, der schon gefrühstückt hatte, zu seinem Endpunkt vom Vortag, nach Völs.

Es regnete wieder in Strömen. In Völs angekommen machte sich Achim in seiner sehr speziellen Art für die Tour fertig. Blaue Überzieher für die Schuhe und Regenhosen angezogen, in den Umhang geschlüpft, dann wieder das vergessene Buch mit der Tagesroute aus dem Rucksack geholt und endlich konnte es losgehen.

Ich fuhr zurück nach Vill in die Pension und legte mich bis 8 Uhr in mein noch warmes Bett. Danach ging ich zum Frühstück. Dort kam ich mit der Wirtin der Pension ins Gespräch und erzählte ihr von den Hintergründen der Wanderung. Interessiert hörte sie zu, und es stellte sich heraus, dass auch sie in der Verwandtschaft jemand kannte, der eine Lebend-Nierenspende bekommen hatte.

Dann erfüllte ich meine heutige Tagesaufgabe – es musste gewaschen werden. Na ja, wie soll ich's sagen ... auch Achims Sachen, auch die für unten drunter und die an den Füßen mussten ja mit in die Maschine. Also Augen (und Nase) zu und durch ... spätestens jetzt sollte jedem klar sein, dass meine Aufgaben bei dieser Wanderung auch nicht von Pappe waren. ***(Anm. Joachim: Es wurde Zeit, dass Mario auch mal beim Arbeiten schwitzte und nicht nur beim Sonnen!)*** Die nette Vermieterin der Pension gestattete mir, ihre Waschmaschine zu nutzen. Gott sei Dank, sonst wäre Handwäsche angesagt gewesen. Das wollte ich mir nicht vorstellen ...

Gegen 13 Uhr ging ich los, um Achim aus Patsch abzuholen. Dank unserer Funkgeräte fanden wir uns ziemlich schnell bei der Kirche im Ort. Es ging zurück nach Vill.

Achim machte es sich für einige Stündchen gemütlich, und ich quartierte mich vorübergehend bei schönstem Sonnenschein auf dem Balkon ein.

Nachdem Achim ausgeschlafen hatte, machten wir uns mit dem Auto auf nach Völs ins Einkaufszentrum, um etwas essen zu gehen. Ich war einfach zu faul, um Königsberger Klopse zuzubereiten, obwohl es langsam mal wieder Zeit dafür wurde. Wir besaßen noch einen großen Vorrat davon.
Wir landeten bei einer „Schnellesser"-Kette mit einem großen M vor der Tür. Na ja, man kann gediegener speisen, aber das war auch wieder mal lecker (wenn man Hunger hatte ...).

Nachdem wir noch in einem Supermarkt eingekauft hatten und fast vor die Tür gesetzt wurden, da hier wohl um 19 Uhr Ladenschluss war, kehrten wir in die Pension zurück.

Noch erwähnenswert: Vor unserer Pension stand ein Schauer mit kleinen Boxen. Diese Boxen wurden von den einheimischen Bauern mit frischen Lebensmitteln befüllt (Eier, Kartoffeln, Gemüse usw.). Durch Geldeinwurf kann man sich dann die frischen Lebensmittel aus der entsprechenden Box holen. Eine tolle Idee!

Joachim:
Meine bisher schwerste Etappe lag an diesem Tag vor mir. Ich wusste, dass allein mein Zielort 400 Meter höher lag. Von 592 in Völs auf 998 Höhenmeter in Patsch. Aber dazwischen ging es oft noch auf und ab, zum Teil über 100 Höhenmeter, sodass mindestens noch mal 300 Höhenmeter zu bewältigen waren – also insgesamt mindestens 700 Höhenmeter. Jedoch nun alles der Reihe nach:
Nach der großen Hitze am Vortag klingelte um 4.20 Uhr mein Wecker. Fröhliches Vogelgezwitscher war durch das geöffnete Fenster zu vernehmen, aber es war bewölkt und regnete sogar ein wenig. Trotzdem wollte ich meine Wanderung beizeiten beginnen. Um 5 Uhr weckte ich Mario, der mich fast entsetzt anschaute. Nach dem Frühstück, das mir die Wirtin schon am Vorabend in den Kühlschrank gestellt hatte, starteten wir um 5.40 Uhr nach Völs. Da es regnete, musste ich keinen Sonnenschutz auf-, sondern die Regenkleidung anlegen. Um 6 Uhr wanderte ich in voller Ausrüstung vom Bahnhof in

Joachim beim Anlegen der Regenbekleidung

Völs los. Ich lief fast durch den ganzen Ort und dann auf einer viel befahrenen Straße entlang. Ich hoffte immer, den im Buch beschriebenen Weg zum Schloss Mentelberg zu finden. Auf der rechten Seite tauchte ein Gefängnis mit hohen Mauern und Wachtürmen vor mir auf. Ich war froh, endlich auf einem ordentlichen Fußweg laufen zu können, der sich aber direkt neben dem Gefängnis befand. Plötzlich kamen 5 bis 6 Knastologen aus einem kleinem Tor und liefen kurz vor mir. Ich überlegte schon, ob bei den Wächtern nicht alle Alarmglocken schrillten, wenn ich so dicht hinter den Gefangenen lief? Aber da verschwanden die Gefangenen schon wieder hinter einer Eisentür. Auch mein schöner Fußweg endete an dieser Tür. Da wollte ich aber nicht einkehren und wechselte wieder auf die viel befahrene Straße. Etwa 400 Meter später sah ich endlich die Ahornbaumreihe zum Schloss Mentelberg und erahnte im nassen Gras mehr oder weniger den Weg dorthin. Nur gut, dass ich meine blauen Plastiküberzieher über die Schuhe gezogen hatte.

Am Schloss angekommen schlugen mir aus meinem Funksprechgerät viele Kinderstimmen entgegen. Es sah so aus, als würde sich auch ein Kindergarten im Schloss befinden, mit einem intakten Zimmerfunk, welcher auf derselben Frequenz wie unsere Funkgeräte lief. Nach der sich anschließenden Mentelbergsiedlung begann der Weg anzusteigen und verlief dann für längere Zeit im Wald. Es ging am Berg ca. 60 bis 80 Höhenmeter hoch und runter mit mehrmaligem interessanten wolken- und regenverhangenen Blick auf Innsbruck. Auf einmal sah ich wieder die Straße vor mir. Dahin wollte ich aber nicht. Deshalb schlug ich einen langen Weg bergauf ein. Im Goetheweg-Buch war ein Gang auf Bahnschienen beschrieben und ich sah von oben nun auch diese Schienen. Da der Weg voller rutschiger Wurzeln war und immer mehr anstieg, ärgerte ich mich schon, dass ich nicht auf den Bahnschienen weitergelaufen war. Als es jedoch abwärts ging und ich in Natters einmarschierte, sah ich aber auch eine Art Straßenbahn auf diesen Schienen kommen. Bloß gut, dass ich nicht auf den Gleisen gewandert war. Zumindest hätte es Geklingel und berechtigte Schelte gegeben. Von Natters aus ging es weiter abwärts bis zu einer Tankstelle, an welcher ich mich der Regenausrüstung entledigen konnte.

Weiter lief ich bis zu dem kleinen Ort Gärberbach, und auch dort nur abwärts, bis ich über eine Brücke einen größeren Zufluss zum Inn überquerte. War ich vor Natters schon auf ca. 800 Höhenmeter gewesen, waren es an der Brücke nur 650 Meter. Vor dem neuerlichen Anstieg bis auf fast 1000 Meter graute mir etwas – aber was sollte es, da muss ich jetzt durch! Um nicht noch den „Umweg“ über Vill machen zu müssen, suchte ich mir auf der Karte einen „kürzeren“

Weg nach Igls. (Die kurzen Wege haben wieder andere Tücken!) Dabei traf ich an einem Bauernhof auf einen älteren Herrn und kam mit ihm ins Gespräch. Unter anderem erzählte er auch von einem guten Bekannten, der ebenfalls Dialysepatient war und vor Kurzem eine Organspende erhalten hatte. Wenn es auch ein paar Probleme nach der Transplantation gab, war der Bekannte jetzt doch froh über die neue Niere. Jetzt ging es wirklich ca. 400 – 500 Meter steil bergauf – mit etwa 40 Prozent Steigung. Um bei langen und steilen Steigungen nicht den Mut und die Kraft zu verlieren, hatte ich eine eigene Vorgehensweise: Ich setzte mir Zwischenziele. Das heißt, ich suchte mir einen Baum in ca. 40 – 50 Meter Entfernung. Dies war dann mein Nahziel, und mein Geist und meine Kraft konzentrierten sich nur auf das Erreichen dieses Zieles. Je nachdem wie mein Herz raste, meine Luft knapp wurde oder meine Muskeln in den Beinen schmerzen, ruhte ich mich nach dem Erreichen dieses Zieles mehrere Minuten aus, um dann 50 Meter aufwärts das nächste Ziel in Angriff zu nehmen.

Oben auf der „ersten Ebene“ angekommen, fand ich leider den Weg zur höheren „zweiten Ebene“ nicht. Deshalb ging es über eine Wiese zu einer zweiten Steigung, welche fast gefährlich war. Die Höhe betrug vielleicht nur 20 Meter, aber sie hatte eine Steigung von ca. 70 Prozent, und das bei nassem Gras als Untergrund! Ohne meine 2 Walkingstöcke hätte ich das nicht geschafft. Erleichtert und dankbar oben angekommen lag Igls vor mir. Nach einem kurzen Stück übers Feld kam ich auf einen guten Weg, der mich bis Patsch führte. 8 Stunden nach Wanderbeginn, fast ohne Pause laufend, kam ich um 13.30 Uhr an der Kirche von Patsch an, wo mich Mario schon erwartete.

Ꮗ

Dienstag, 8.6.2010
„Schwere" Verletzung
(Elfter Wandertag, Patsch – Pfons, 12 Kilometer)

Mario:
Heute musste ich wieder um 5 Uhr aus dem Bett. Achim wollte um 6 Uhr mit seiner Wanderung beginnen. Irgendwie fiel mir das Aufstehen um diese frühe Zeit viel schwerer als gestern. Vielleicht lag es ja auch mit daran, dass wir zweimal hintereinander ein langes dialysefreies Intervall hatten und der Körper dadurch doch etwas mehr "vergiftet" wurde.

Irgendwie bin ich doch aus dem Bett gekommen. Da Achim nicht vereinbarungsgemäß um 5 Uhr an meiner Zimmertür klopfte, hatte ich schon etwas die Hoffnung, er könnte verschlafen haben.

Das war aber nicht so. Er war schon wieder fix und fertig angezogen und musste nur noch zum Frühstück. In dieser Zeit machte ich eine Katzenwäsche und zog mich an. Danach fuhr ich Achim nach Patsch zum Start seiner Tagestour. Irgendwie ging der Start ziemlich schnell vonstatten, sodass ich kurz nach 6 Uhr in der Pension war. Dort fiel ich todmüde wieder in mein Bett. Ich konnte aber nur bis 8.30 Uhr weiterschlafen, weil Achim um 9.30 Uhr schon wieder in Matrei abgeholt werden wollte.

Ich frühstückte also schnell, einschließlich leckerer, selbst gemachter Marmelade der Vermieterin, und machte mich dann auf den Weg nach Matrei. Die Dialyse in Innsbruck erwartete uns.

Die Straße nach Matrei war wieder super. Eigentlich wollte mich das Navi auf eine Schnellstraße lotsen. Zum Glück setzte ich mich durch und folgte der Ausschilderung und nicht dem Navi. Ich hätte diese tolle Straße verpasst – wunderschöne Serpentinen, dazu auf der einen Seite steile Felsen und auf der anderen Seite steil abfallende Hänge. Nervenkitzel pur!

Unterwegs sah ich Achim noch etwa 3 Kilometer von seinem Zielort entfernt auf der Straße laufen. Irgendwie war mir sofort klar, dass er sich wieder „etwas" verlaufen haben musste. Da es schon 9.30 Uhr war, hielt ich an und fragte, wie es weitergehen sollte. Achim wollte wenigstens noch bis zum nächsten Ort Pfons, der noch etwa 1 Kilometer entfernt war, laufen.

Also fuhr ich nach Pfons und wartete dort extra nicht neben der mit leckerem Trinkwasser dahin sprudelnden „Tränke", sondern etwa 10 Meter entfernt, damit ich wenigstens das Plätschern etwas hörte. Aber auch das half nicht, meine nicht mehr vorhandene Urinausscheidung anzukurbeln. Na ja, dann musste ich eben doch zur Dialyse ...

Joachim mit „schwerer" Verletzung während der Dialysebehandlung in Innsbruck

Nach einigen Minuten kam dann Achim und wollte sich nicht davon abbringen lassen, doch noch zu der Tränke zu gehen. Ich wurde quasi gezwungen dort mal einige Schlucke zu kosten – lecker!

Danach ging es zurück zur Pension nach Vill – über diese tolle Alpenstraße. Ich glaube, der Autositz von Achim hatte nach dieser Fahrt tiefe und dauerhafte Griffmulden von seinen Händen bekommen. Am Anfang der Fahrt wies er mich auf die Geschwindigkeitsbegrenzungen hin – dann wurde es immer ruhiger neben mir.
(Anm. Joachim: Bei Marios Fahrweise machte ich lieber die Augen zu. Ich schlief tief und fest.)

Aber wir kamen auch heute wieder wohlbehalten in der Pension an. Achim machte sich etwas frisch, bevor wir zur Dialyse nach Innsbruck aufbrachen. Ich durfte schon wieder fahren – komisch. *(Anm. Joachim: Nur, weil ich ganz schön erledigt war!)*

Kurz bevor wir an der Dialyse eintrafen, klingelte Achims Handy. Achim wurde gleich ganz aufgeregt. Mir erzählte er, dass er einen Anruf seines Sohnes erwarten würde. Na ja, wer's glaubte ...
Jedenfalls schaffte er es nicht schnell genug zum Handy und stieß sich dabei ordentlich an der Autotür. Sein dabei "schwerverletzter" Arm wurde von den Schwestern der Dialyse liebevoll versorgt. Ich denke, bei dem Anblick des Armes musste man einfach davon ausgehen, dass Achim diesen für mehrere Jahre nicht mehr benutzen konnte (auch nicht fürs Auto fahren!) Übrigens konnte er die Brötchen vor sich dann doch wieder selbst essen. Komisch, oder?

An der Dialyse überlegten wir wieder mal, was wir am Abend noch essen wollten. Als ich Achim drohte, Königsberger Klopse zu machen, stimmte er sofort zu, heute irgendwo essen zu gehen. Wir landeten letztlich wieder bei dem großen M ...

Joachim:
Um 4.30 Uhr klingelte wieder der Wecker. Da ich wegen Mario versuchte verhältnismäßig leise zu sein, kam er schon 5 Uhr von sich aus zu mir ins Zimmer herübergeschlichen, um nachzusehen, ob ich auch wach war. Nach dem Frühstück fuhr mich Mario um 5.40 Uhr nach Patsch. Mit dem Glockenschlag 6 Uhr wanderte ich an der Kirche

vorbei. Eigentlich wollte ich keine großen Strapazen auf mich nehmen. Der vorhergehende Tag war sehr anstrengend gewesen. Ich hatte vor, auf der Straße nach Patsch zu laufen. Leider war ich durch das Vorbeilaufen an der Kirche nicht ganz auf der richtigen Straße geblieben.

Nachdem ich einen Einheimischen nach dem Weg fragte, verwies er mich auf den St. Peter-Rundweg – der wäre ganz toll und gut zu laufen. Am Vorabend hatte ich mich auf die Wanderung vorbereitet. Dabei hatte ich mir vorgenommen, diesen Weg nicht zu laufen. Aber da ich den netten Einheimischen nicht vor den Kopf stoßen wollte, trabte ich auf dem Feldweg in Richtung St. Peter. Der erste halbe Kilometer war angenehm. Ich schaute mir die ziemlich neue, sehr modern von dem Künstler Helmut Strobl aus Patsch gestaltete Edith-Stein-Kapelle an. Kurz vor dem Wald ging der Weg durch eine Wiese mit nassem Gras. Im Wald gab es ein ständiges Auf und Ab. Sogar eine Art wildromantische Schlucht mit Brücke musste ich durchwandern. Ein Schild, das den St. Peter-Rundweg auswies, führte mich immer tiefer, bis mir das doch etwas spanisch vorkam, da St. Peter über 1000 Meter hoch lag.
Also zurück und wieder aufwärts und nach vielen langen, anstrengenden Minuten erreichte ich endlich die Straße vor St. Peter. Bald darauf wanderte ich in St. Peter ein. Ich musste hier aufpassen. An einer Leuchttafel wurden nicht nur die Geschwindigkeiten der vorbeifahrenden Autos angezeigt, sondern auch die der Fußgänger! Hoffentlich würde ich jetzt kein Knöllchen mit meinen 6 Stundenkilometern bekommen ...

Nun wanderte ich auf der schmalen Straße bis nach Pfons. In der ersten Zeit gab es viel Verkehr in Richtung Innsbruck, welcher irgendwann nachließ, sodass es sich doch einigermaßen gut lief. Aufpassen musste ich, wenn sich auf meiner Höhe 2 Autos trafen. Bei der schmalen Straße hatten die beiden nebeneinander schon Probleme. Für einen Fußgänger wie mich gab es da kaum Platz. Aber Mario war begeistert. Er musste ja nicht darauf laufen. Es wäre seinen Rennfahrer-Genen (und seinem Bauch) gut bekommen, wenn er mich mal ein paar Kilometer zu Fuß auf dieser Straße begleitet hätte. Nachdem er mich um 9.45 Uhr in Pfons abgeholt hatte, fuhr er mit Genuss und nicht zu langsam die kurvige Straße zurück. Er lebte am

Steuer auf der engen Straße richtig auf und schien sogar sein vieles Gewicht und die Dialyse zu vergessen. Ein Tipp für seinen Arzt: Wenn es Mario wirklich mal schlecht geht, sollte er ihm sein Auto geben und Mario in Richtung Berge schicken. (Anm. Mario: Dafür muss er nicht erst warten, bis es mir schlecht geht!) *Mitfahren sollte der Arzt aber auf keinen Fall – wenn ihm etwas an seiner eigenen Gesundheit liegt. Um das Auto bräuchte er sich keine Sorgen mehr machen, das kann er dann sowieso abschreiben ...*

Mittwoch, 9.6.2010
Gefährliche Anstiege
(Zwölfter Wandertag, Pfons – Gries am Brenner, 18 Kilometer)

Mario:
Heute früh war es wieder „gemütlich". Aufstehen um 7 Uhr. Danach wie immer gemeinsames Autoeinräumen. Anschließend gab es unser letztes reichliches Frühstück mit selbst gemachter Marmelade in dieser Pension. Bei schönstem Sonnenschein verabschiedeten wir uns bei der sehr netten Vermieterin.
Sie hatte für uns zum Abschied noch eine Überraschung parat – für jeden ein kleines Glas Erdbeermarmelade aus eigener Herstellung. Eine tolle Überraschung, über die wir uns sehr freuten. *(Anm. Joachim: Wenn ich Marios gierige Blicke richtig interpretierte, würde ich mein Glas wohl nicht lange behalten!)*

Eigentlich wollte ich zusammen mit ihrem Sohn noch ein gemeinsames Foto machen. Der Sohn war 2,09 Meter groß. Ich denke, er neben mir hätte ein schönes Bild abgegeben. Leider haben wir ihn nicht mehr gesehen.
Danach ging es wieder über die schöne Alpenstraße nach Pfons, dem heutigen Startpunkt von Achims Wanderung. Auch heute kam er wieder recht flott vom Auto weg, sodass ich mich zu unserer neuen Unterkunft in Gries am Brenner aufmachen konnte.

Dort angekommen klingelte ich an der Tür. Es rührte sich jedoch nichts. Ich versuchte es telefonisch – vergeblich. Also blieb mir nichts anderes übrig als zu warten. Es war 10 Uhr. Nach etwa 10 Mi-

nuten kam die Vermieterin heraus und erklärte mir, dass die Zimmer eigentlich erst ab 16 Uhr bezogen werden konnten. Freundlicherweise machte sie aber eine Ausnahme und ich räumte den größten Teil aus dem Auto in die Zimmer.
Achims großen und schweren Koffer ließ ich wieder außen vor – ich fragte mich jedes Mal, was er da wohl drin hatte.

Nach dem Ausladen versuchte ich noch etwas zu schlafen. Das funktionierte aber nicht und ich überlegte mir, was ich an diesem Tag noch anstellen konnte. Schließlich wanderte Achim heute von Pfons direkt zu unserer neuen Unterkunft hier in Gries am Brenner. Ich entschloss mich, zu dem berühmten Wallfahrtsort, dem Kloster Maria Waldrast, zu fahren. Zu erreichen war das Kloster über eine tolle 5 Kilometer lange Bergstraße, die unter anderem direkt unter der Brennerautobahn entlang verlief.
Als ich dann an die Mautstelle kam, an der man 5 Euro zurücklassen musste, war mir klar, dass diese „Straße" wieder ein kleines Highlight werden würde. Genauso war es dann auch. Teilweise konnte man eigentlich nur die Luft anhalten und hoffen, dass kein Auto entgegen kam. Ich konnte nur im zweiten Gang fahren. Gut, das Achim nicht mit von der Partie war. Mir hat es Spaß gemacht!
(Anm. Joachim: Mein armes Auto! Ich werde Mario den Autoschlüssel entziehen und ihm ein Dreirad schenken. Das wird ihm noch mehr „Spaß" machen!)
Das Kloster Maria Waldrast ist einer der größten Pilgerorte in Tirol. Es wurde hauptsächlich auch von Behinderten und chronisch Kranken wegen der dort vorhandenen Quelle aufgesucht. Dem Wasser aus der Quelle sagte man eine heilende Wirkung nach. Natürlich wollte ich dieses heilige Wasser auch trinken – man wusste ja nie ...
Jedenfalls musste ich extra noch eine Colaflasche leeren (fiel mir nicht übermäßig schwer), um auch Achim etwas von diesem kostbaren Nass zukommen zu lassen. Nachdem ich einige Schlucke davon genommen hatte, füllte ich die Colaflasche. Ich hoffte, dadurch wurde das Wasser nicht entweiht und verlor seine Wirkung?! Na ja, wir wollten unsere nächsten Dialysetermine vorsichtshalber nicht absagen.

Maria Waldrast, westlich von Mühlbachl auf einer Höhe von 1638 Metern gebaut, ist die höchstgelegene Klosterkirche Europas. Die Gründung des Wallfahrtsortes soll auf ein Marienwunder zurückzuführen sein: Ein Marienbild soll aus einem Lärchenstamm gewachsen sein. Dies geschah im Jahr 1392. Später, im Jahr 1407, fanden 2 Hirten dieses Bildnis. Sie trugen es am Ostersamstag nach Matrei. Ein armer Holzhauer vernahm bald danach in 3 Nächten eine Stimme, die ihn aufforderte, eine Kirche zu bauen und ihm den rechten Ort für den Bau erläuterte. Als ihm „eine hohe Frau im weißem Kleide mit einem Kind" erschien, wusste er, dass er für diese Aufgabe auserkoren worden war. Die Frau wies ihn an, alle Frommen der Gegend um Hilfe bei dieser Aufgabe zu bitten.

Unter der Brenner-Autobahn

Danach schaute ich mir noch das Kloster an und genoss die Aussicht aus dieser Höhe (1638 m) auf die umliegenden Berge.
Auf der Rückfahrt stoppte ich genau unter der Brennerautobahn und ließ dieses gewaltige Bauwerk auf mich wirken – beeindruckend!
Ich war noch keine Viertelstunde zurück in der Pension, als Achim

mich anfunkte. Er war nur noch einige Hundert Meter entfernt. Per Funk lotste ich ihn zu unserer Pension. Nachdem ich noch schnell etwas einkaufen war, machten wir heute wieder mal auf dem Zimmer Abendbrot – nein, keine Klopse, sondern einfach nur Toastbrot mit Büchsenfisch, Joghurt und Quark. Eine tolle Kombination, mal sehen, was unsere Verdauungsapparate daraus machen würden ...

Joachim:

Nach Sachen packen, Auto einladen, Frühstück und Verabschiedung von der freundlichen Herbergswirtin verließen wir gegen 9.40 Uhr die Pension „Turmpichl". Da ich wusste, dass Mario die kurvenreiche Strecke bis nach Pfons liebte, ließ ich ihn auch fahren. Lange Zeit mussten wir hinter einem Traktor bleiben, was mir ganz gut tat, wir hatten ja Zeit. Mario sah das etwas anders. Es nervte ihn, dass er nicht vorbei kam. Ich sah ihm seine Unruhe an und hatte schon Bedenken, dass er vor lauter Ungeduld ins Lenkrad beißen würde. Aber endlich bog der Traktor ab und Marios Gesichtszüge entspannten sich.

In Pfons startete ich gegen 10 Uhr. Heute wollte ich die Wanderung langsam angehen und versuchen, so wenig Steigungen wie möglich zu gehen. So lief ich von Pfons neben der Straße abwärts bis Mühlbachl, wo ich die Kirche mit sehr schöner Innenbemalung besuchte. Mir etwas unverständlich waren die 2 Bilder im hinteren oberen Bereich. Auf beiden Seiten war eine Frau zu sehen, welche einige Männer anlächelte. Auf dem zweiten Bild jedoch saß auf der linken Seite die Frau auf dem Mann und erschlug ihn mit irgendeinem Gegenstand und auf der rechten Seite hielt die Frau den abgeschlagenen Kopf des Mannes hoch. Ich möchte mich hier jeglicher Deutung enthalten, aber vielleicht handelte es sich dabei um die Darstellung von Judith, die den König Holofernes erschlug, um die Stadt Betulia zu retten? Mit dem Anzünden einer Kerze bat ich noch um einen guten Weg.

Weiter ging die Wanderung immer in der Nähe des ziemlich reißenden Flüsschens Sill oder der Bahnlinie durch Matrei. Am Ende von Matrei winkte mir ein kleiner Junge fröhlich von einem stehenden Motorrad aus zu. Durch Mühlen und Puig verlief mein weiterer Weg. Zum Teil führte dieser auch über eine Wiese und neben dem schnellen Flüsschen entlang bis nach Steinach und Siegreith. Beim Überque-

ren der Wiesen hatte ich immer etwas Angst vor den Zecken, zumal das Gras sehr hoch stand. Zum Glück fand ich am Abend aber nie eine an mir. Wahrscheinlich merkten sie, dass in meinem Blut mehr Giftstoffe als normal vorhanden waren (da die Nieren ja nicht mehr arbeiteten). Das könnte sie vielleicht doch etwas abgeschreckt haben. Das Leben an der Dialyse zeigte somit seine Vorteile!
In Siegreith traf ich auf einige Wanderer in den besten Jahren (etwas älter als ich). Gemeinsam wanderten wir ein Stück und tauschten uns auch über das Thema Dialyse und Organspende aus. Mit Tipps für den weiteren Weg verabschiedeten sie sich nach ca. einer halben Stunde von mir. Eine bald darauf entdeckte Bank kam gerade recht für eine kleine Rast. Durch den zum Teil frischen Föhn hatte ich die Stärke der Sonne unterschätzt. Gerade der Shunt-Arm wurde etwas rot. Um Schlimmeres zu verhindern, sorgte ich schnell für etwas Sonnenschutz. Im Quartier trug ich dann Panthenolsalbe auf.

Am Ortseingang von Stafflach traf ich einen älteren Mann, welcher mir riet, auf der Bundesstraße nach Gries zu gehen, da der andere Weg sehr schlecht sei. Ich folgte nur zu gern seinem Rat, versprach er doch nur geringe Steigungen. Wenige Hundert Meter hinter Stafflach stand ein verlassenes Haus direkt in einer Rechtskurve an der Straße. Die Hausfront reichte bis an die Straße. Es gab absolut keinen Platz für Fußgänger. Auf der linken Seite waren die Leitplanken bis zur Straße gesetzt, da sich dahinter eine senkrecht abfallende Mauer vor einem kleinen Flüsschen befand. Ich musste also auf der rechten Seite bleiben. Ob das gut gehen konnte?

Ein kurzer Blick nach hinten, und schnell versuchte ich am Haus vorbei zu kommen. Gerade hatte ich es geschafft, noch immer war sehr wenig Platz, als hintereinander erst ein Auto und dann ca. 15 Motorräder angefahren kamen. Ich konnte mich noch ganz fest an bzw. in den Zaun drücken, als die Motorräder ganz dicht an mir vorbei sausten. Dadurch dass sie mich hinter dem Haus in der Kurve nicht sahen und auch nicht vermuteten, legten sie sich richtig in die Kurve. Obwohl ich den Zaun mit meinem Druck bald umwarf, streiften mich einige Motorradfahrer fast an Brust und Kopf. Das war ganz schön knapp!

Einige Meter weiter gab ich die Benutzung der Bundesstraße auf. Es kam eine Linkskurve, auf der rechten Seite sollten Leitplanken den Sturz in das Flüsschen verhindern. Links stand eine Mauer und es ging steil bergauf. Auch hier gab es absolut keinen Platz mehr für Fußgänger und ich dachte mit Grausen an eine Wiederholung des eben Erlebten. 50 Meter zurück hatte ich einen Weg nach oben gesehen – also musste ich da lang. Nur 100 Meter hoch und der Weg endete auf einer großen Wiese. Es sah so aus, als würde sich auf knapper halber Höhe ein kleiner Weg befinden. Der muss ja auch irgendwo hingehen!? Voran! Ca. 400 Meter durch bauchhohes Gras zu laufen, ist gar nicht so einfach. Der angesteuerte Weg entpuppte sich aber als Irrtum. Zurück durch das hohe Gras und auf die Straße wollte ich nicht, also weiter hoch. Dort oben musste es doch Forstwege geben?! Der Hang wurde aber immer steiler, sodass niemand mehr eine Bewirtschaftung wagte. Bloß gut, dass dadurch das Gras nicht mehr so hoch war. Eine Hirschkuh schreckte, hinter einem Baum versteckt, vor mir auf. Sie protestierte mit heiserem Bellen gegen mein Eindringen in ihr Revier. Vielleicht lag ihr Junges in der Nähe versteckt? Lange war sie schon hinter den Bäumen verschwunden, aber ich hörte sie immer noch erregt bellen.

Weiter ging es nach oben. Der Hang hatte eine Neigung von mindes-

Auch die steilsten Hänge wurden durch Joachim beherzt gemeistert

tens 50-60 Prozent. Gern hätte ich mich kurz mal umgedreht und die Aussicht genossen oder ein Foto gemacht. Aber das traute ich mich nicht. Wenn ich hier wegrutschte oder vielleicht sogar das Gleichgewicht verlor und nach hinten wegkippte!? Über hundert Höhenmeter würde ich mich überschlagen und ohne Halt nach unten fallen. Eventuell endete mein Fall und wahrscheinlich auch mein Leben dann am Stamm eines großen Nadelbaumes! Nein, ich durfte mich nicht umdrehen, ja, kaum stehen bleiben, um Luft und neue Kraft zu schöpfen. Mein Oberkörper war stark nach vorn gebeugt und berührte fast das wenige kurze Gras des Hanges. Die Walking-Stöcke versuchte ich so tief wie möglich in den Boden zu stoßen, um Halt zu bekommen und nicht abzurutschen. Meine Hände verkrampften sich vor Anstrengung in den Schlaufen der Stöcke und so kämpfte ich mich, der totalen Erschöpfung nahe, Meter um Meter immer höher. Ein Zurück gab es schon lange nicht mehr, aber oben sah ich auch keinen Weg, hörte aber plötzlich einen Zug fahren. Ich hoffte, dass noch ein Weg vor den Gleisen kam – aber nein. Nach weiteren langen Minuten des Kampfes sah ich endlich die Oberleitung der Bahn. Meine allerletzten Reserven musste ich noch mobilisieren, um über morsches, altes Knüppelholz auf den Bahndamm zu gelangen.

Endlich, Gott sei Dank, es war geschafft. Da es auf einem Bahndamm keine Sitzgelegenheit gab, lehnte ich mich erschöpft an einen Mast der Oberleitung und verschnaufte wohlverdient mehrere Minuten. Ich hatte die Schienen vor mir – leider keinen Wanderweg. Aber es führte neben den Schienen ein ca. 30 Zentimeter breiter Kabelkanal entlang. Auf diesem konnte man einigermaßen gehen. Zum Teil war er jedoch etwas verschüttet. Gleich daneben fiel der Hang wieder steil ab. Aber ich hatte keine Wahl und überwand vorsichtig diese Hindernisse. Hoffend, dass kein Zug kam und vielleicht die Polizei informiert wurde, weil ich hier so nahe an den Gleisen entlang lief, traf ich plötzlich auf Bauarbeiter. Ganz ungläubig schaute mich erst einer, dann ein zweiter, dann noch ein dritter aus dem Bauwagen an. Sie blieben aber ruhig, als ich sie nach dem Weg nach Gries fragte. Der aus dem Bauwagen meinte nur noch halb lachend, ich sollte möglichst nicht durch den Eisenbahntunnel gehen. Ha, ha, ha! Nach weiteren 500 Metern erreichte ich den Tunnel. Kurz vorher zweigte jedoch ein Weg ab und 100 Meter weiter stand ein Wegweiser „Gries über Bahnhof“. So lief ich am Bahnhof, der ca. 60 bis 70 Höhenmeter über dem Ort lag, in Gries ein. Von oben konnte man den ganzen Ort übersehen. Auch Mario sah ich als kleines Männchen neben der Pension stehen, welche ich gegen 16.30 Uhr erreichte.

Donnerstag, 10.6.2010
Der höchste Punkt der Wanderung
(Dreizehnter Wandertag, Gries – Brenner – Brennerbad, 9 Kilometer)

Mario:
Über diesen Tag gibt es eigentlich nicht viel zu schreiben, da Dialysetag war. Ja, trotz des heiligen Wassers, unsere Nieren funktionierten (noch) nicht wieder.
Achim klopfte früh morgens gegen 6 Uhr an meine Zimmertür, weil er seine Wanderstöcke aus dem Auto holen musste und ich den Autoschlüssel hatte. Ich musste ja nicht mit aufstehen, weil sein Startpunkt die Pension in Gries war. Na ja, „munter" hat er mich aber auf diese Weise trotzdem gemacht. Achim machte sich dann auf Richtung Brennerbad und ich döste in meinem Bett noch etwas vor mich hin.

Um 8 Uhr ging ich dann als einziger Gast der Pension zum Frühstück. Da ich Achim schon um 9.30 Uhr wieder in Brennerbad abholen sollte, hatte ich nicht mehr viel Zeit. Ich machte mich also gegen 9.15 Uhr auf den Weg nach Brennerbad, entlang der Landstraße neben der Brennerautobahn. Dabei konnte man die Autobahn mal in ihrer ganzen Dimension bewundern. Es war schon unglaublich, wie man den riesigen Pfeilern, die ja die Autobahn trugen, an den steilen Felshängen Halt verliehen hatte.

Achim war schon fast in Brennerbad eingetroffen, sodass ich nur wenige Minuten auf ihn warten musste. Gemeinsam ging es zurück nach Gries. Wir hatten noch eine Stunde Zeit, bis wir zur Dialyse nach Innsbruck aufbrachen. Wir entschieden uns, die Landstraße und nicht die Autobahn nach Innsbruck zu nehmen, da diese ja mautpflichtig war. Da wir aber eine Mautfahrt gekauft hatten, wollten wir sie auf dem Rückweg von der Dialyse nutzen. Zur Dialyse wollte Achim fahren. Da ihn der Fahrersitz schon kaum noch kannte, widersprach ich nicht. Nach einigen Kilometern fragte mich Achim aber, ob ich nicht weiterfahren wollte, da er zu müde sei. Naja, großzügig stimmte ich zu und übernahm das Lenkrad, während Achim neben mir immer mal wieder einnickte. Selbst bei den schönsten Serpentinen brachte er seine Augen nicht mehr richtig auf. Man hörte nur hin und wieder ein undefinierbares Gemurmel von ihm. Die schöne Serpentinenfahrt hatte er gar nicht richtig mitbekommen. Selbst schuld!

Als wir an der Dialyse ankamen, lösten wir das Versprechen vom letzten Mal ein und überreichten dem Personal 2 Büchsen Königsberger Klopse und eine Packung Reis. Erst ernteten wir Ungläubigkeit, aber dann schien man sich doch sehr darüber zu freuen. Jedenfalls verblieben wir so, dass diejenigen Schwestern, denen die Klopse schmeckten, eine Woche zu mir nach Deutschland kommen konnten (natürlich durch mich bekocht mit Klopsen). Diejenigen, denen die Klopse nicht schmeckten, waren bei Achim eingeladen. Eigentlich schade, dass sich niemand Bad Düben anschauen würde ... *(Anm. Joachim: ABWARTEN!)*

Als Krönung fragte mich Achim während der Dialyse, ob ich heute Klopse mit Reis zum Abendbrot machen würde. Das fragte er aber nur deswegen, weil wir gestern von der Vermieterin ausdrücklich darauf hingewiesen wurden, auf dem Zimmer nicht zu kochen. Eine ganz, ganz fiese Nummer! *(Anm. Joachim: Mario, Du denkst zu negativ, ich hatte einfach nur Hunger, und Du weißt ja: In der Not ...)*

Joachim:

Zuerst ein Nachtrag zum gestrigen Bericht. An meinem Start in Pfons besuchte ich das dortige Gemeindeamt, um mir einen Stempel in mein Wanderbuch geben zu lassen. Mit dem Bürgermeister sprach ich vorrangig über das Thema Organspende. In Österreich gilt das Widerspruchsrecht, das heißt, jeder Bürger ist potenzieller Organspender, wenn er nicht ausdrücklich widersprochen hat. Der Widerspruch ist in einem Organspende-Register einzutragen. Dort müssen sich dann die Ärzte vor einer Organentnahme über den Willen des Verstorbenen informieren.

Nun zum Tagesgeschehen: Nachdem ich gestern Abend um 23.15 Uhr im Bett lag, klingelte heute früh um 4.45 Uhr schon wieder der Wecker. Um 6.15 Uhr startete ich durch. Zuerst noch ein Stück durch Gries, bis ich zu einem Steig aufwärts Richtung Brennersee kam. Ein reiner, schmaler Naturpfad sollte mich mit einigem Auf und Ab bis zum Brenner bringen. Dieser Pfad war auch als Jakobsweg ausgewiesen, nur in anderer Richtung. So ging es auch an der St. Sigmund Kirche vorbei, welche ich kurz besuchte. An bestimmten Stellen war der Weg auch etwas abenteuerlich, aber von meiner bisherigen Tour war ich ja auf solche Situationen eingestellt. Bald erreichte ich den Brennersee. Wegen der vorangegangenen starken Regenfälle war er übervoll. Besonders merkte ich dies an den Wegen, welche vom See her noch überschwemmt bzw. zumindest sehr nass waren. Da es hier viele Frösche geben musste, warnte ein sehr originelles Schild vor diesen. Nach dem Brennersee, kurz vor bzw. am Brenner, verlor ich den Weg etwas aus den Augen. Aber viele Wanderer gingen hier schon entlang und hatten selbst im Gras leichte Spuren bzw. Ansätze eines Weges hinterlassen.

Die Wanderung führte auch durch gefährliche Gebiete mit wilden Tieren

Der Brenner empfing mich mit kaltem und starkem Wind. Am Ortseingangsschild versuchte ich einige Zielfotos vom höchsten Punkt meiner Wanderung (1370 m) zu machen. Der österreichische Teil des Ortes bestand ja nur aus einer Tankstelle und 3 bis 4 unspektaku-

lären Häusern. Eingeprägt hat sich mir nur eine Tabledance-Bar, welche leider noch geschlossen war. Dagegen versprühte der italienische Teil ein sehr angenehmes Flair. Und noch etwas musste man den Italienern bzw. Südtirolern zugestehen: In Österreich, aber auch

Joachim am höchsten Punkt der Wanderung angekommen: Brenner

in Deutschland hatte ich sehr oft Probleme auf bzw. in der Nähe von Bundesstraßen zu laufen. Zumindest hier am Brenner, aber auch bis Brennerbad war die Bundesstraße so breit gehalten und auch aufgeteilt, dass rechts und links, abgetrennt durch eine Sperrlinie, noch mal reichlich 1 Meter Platz für Radfahrer und Fußgänger war. Man konnte dort bequem und gefahrlos laufen. Zusätzlich wurde noch ein Radweg neben der Straße gebaut. Das hinterließ bei mir einen sehr positiven Eindruck. Mal sehen, ob das bis Venedig so weiterginge? Gegen 9.40 Uhr in Brennerbad angekommen, wartete Mario schon auf mich und zurück ging es nach Gries.

Freitag, 11.6.2010
Zweite Planänderung
(Vierzehnter Wandertag, Brennerbad – Sterzing – Pfulters, 30 Kilometer)

Mario:
Heute frühstückten wir gemeinsam. Um 8 Uhr ging es dafür in den ausgebauten Keller der Pension. Das Frühstück war wieder lecker und anschließend fuhr ich Achim in aller Ruhe zu seinem heutigen Startpunkt der Wanderung, nach Brennerbad. Da am nächsten Tag Dialysetag und Umzug stattfinden sollten, nahm sich Achim vor, gleich noch die für morgen Vormittag geplante Strecke mitzulaufen, also von Brennerbad bis Pfulters.
Na ja, angesichts des doch sehr warmen Wetters hatte ich da so meine Bedenken, schließlich würde damit heute ein 8-Stunden-Wandertag daraus. Aber Achim musste das ja selbst einschätzen können.

Ich lieferte jedenfalls Achim wohlbehalten in Brennerbad ab und machte mich zurück in die Pension nach Gries. Dort angekommen legte ich mich noch etwas aufs Ohr. Gegen Mittag machte ich mich dann auf, um einmal mit der Bergeralmbahn auf 1600 Meter zu schweben. Dort musste ich leider feststellen, dass die Bergbahn erst ab 19. Juni fuhr. Na toll, aber wenigstens gab es hier an der Talstation schon erwähneswärte Aussichten auf die umliegenden Berge.

Ich entschloss mich spontan, gleich einmal in das Bergdörfchen Obernberg am Brenner zu fahren. Dort soll ein sehr schöner Bergsee, der Obernbergsee, sein. Schon Kaiser Maximilian der I. soll hier gelegentlich auf die Jagd gegangen sein, was man ihm angesichts der wunderschönen Landschaft nicht verdenken konnte. Wieder ging eine tolle Bergstraße in das Dorf. Achim wusste gar nicht, was er hier jedes Mal verpasste! An der schönen barocken Dorfkirche machte ich Halt und besichtigte sie. Nach einer armen Kirche sah diese, wie ich bald erfuhr, 1760 erbaute Gottesstätte, wirklich nicht aus. Im Gegenteil, so ein Prunkbau in einem so relativ kleinen Dörfchen ist schon beeindruckend. Allein die Wand- und Deckenmalerei musste ein Vermögen gekostet haben.

Nach der Besichtigung fuhr ich weiter bis zum Ende der Straße. Dort befand sich ein gebührenpflichtiger Parkplatz, von wo aus man dann zu Fuß bis zum See starten konnte. Auf einem Schild stand, dass es bis zum See eine halbe Stunde Fußweg sei und man etwa 200 Höhenmeter überwinden musste. Puh, wenn ich das vorher gewusst hätte ... Für Achim wäre das sicher kein Problem gewesen. Für mich wäre das ein Tagesausflug. Ich machte deshalb auf der Stelle kehrt und fuhr zurück ins Tal.

Da ich noch einkaufen musste (meine heutige Tagesaufgabe), entschloss ich mich nach Steinach zu fahren. Dort hatte ich beim Durchfahren eine Ladenstraße gesehen. Nach dem Einkauf und einem kleinen Bummel in Steinach ging es zurück zur Pension. Ich hatte noch eine halbe Stunde Zeit, bevor ich mich aufmachen musste, um Achim zu holen. Um 17.30 Uhr fur ich dann zu ihm nach Pfulters in Italien. Nach etwa einer halben Stunde Fahrzeit kam ich dort an. Weit und breit war jedoch kein Achim zu sehen. Auf meinen Kontaktversuch mit dem Funkgerät reagierte er nicht. Irgendwie wurde ich unruhig und schrieb eine SMS. Die schien angekommen zu sein, denn Achim antwortete mir dass er mich schon gesehen hätte, und ich wieder von seiner Position weggefahren wäre. Also zurück und gleich darauf sah ich ihn auch schon laufen. Nach diesem langen Wandertag war er noch relativ fit unterwegs – Gott sei Dank ...

Er erzählte mir, dass er vor einigen Minuten an einer Heilquelle vorbeigekommen wäre, und wir dort noch mal mit dem Auto hinfahren könnten, um für uns etwas Wasser abzufüllen. Wenn es ums Abfüllen ging, war ich natürlich dabei. Also fuhren wir zu der Quelle, die es seit dem Jahr 1508 gibt, füllten uns je eine Flasche ab und brachten sie im Auto in Sicherheit. Der Bedarf an Heilwasser ist bei uns unterschiedlich groß ausgeprägt. Deshalb füllte sich Achim nur eine Flasche mit 500 Millilitern, während ich mir eine Flasche mit 1,5 Litern gönnte. Danach ging es mit dem heilenden Wasser im Gepäck zurück über die Grenze nach Österreich zu unserer Pension in Gries.

Dort angekommen entschlossen wir uns gleich, noch Abendbrot essen zu gehen. Da sich vor unserer Pension ein Café befand, gingen wir dort hin. Achim verdrückte einen großen Teller Spaghetti Bolognese und ich einen Teller Knödel mit Sauerkraut und Schweinebraten. Es war lecker, aber viel zu viel. Übersättigt schleppten wir uns zurück in die Pension und schrieben – diszipliniert wie wir waren – noch

Kleine Flaschen ... große Flaschen...

unsere Berichte, bevor es ins Bett ging. Für den nächsten Tag planten wir ja den Umzug in ein neues Quartier (Vahrn / Italien) und mittags Dialyse in Bruneck.

Joachim:

Endlich mal ausgeschlafen, das hieß um 22.30 Uhr ins Bett, Aufstehen um 7 Uhr. Dies tat Not und war wichtig für den kommenden Tag. Um morgen beim Umzug in das neue Quartier nicht zu viel Hektik zu haben, wollte ich versuchen, heute 2 Etappen auf einmal zu laufen. Nach dem Frühstück fuhr mich Mario nach Brennerbad. Damit Sie mich auch mal von hinten sehen, fotografierte Mario mich beim Aufbruch – „ein schöner Rücken kann auch entzücken“ oder für Mario umgeschrieben: „ein schöner Bauch tut's auch“.

Eigentlich hatte ich gehofft, dass ich in Ruhe und ohne Probleme über den Eisack-Radweg die Strecke bewältigen könnte. Aber natürlich kam alles anders. Schon direkt in Brennerbad war der Weg noch im Bau. Wegen einer alten Brücke ohne Seitenrand suchte ich mir einen anderen vielversprechenden Weg, aber ca. 400 Meter weiter war er zu Ende. Ich musste über die Gleise der stark befahrenen Brennerbahn, um wieder zur Bundesstraße vorzudringen. Nun lief ich mehr

Ein schöner Rücken ...

als 4 Kilometer auf dem Seitenstreifen, bis dieser nach einer Straßenverengung hinter Pontigl nicht mehr vorhanden war. Zum Glück ging rechts ein Weg hoch.
An einem Haus vorbei laufend, sah ich am Gartentor das Schild „Achtung Hund“. Gerade hatte ich das Schild wahrgenommen, als ich eine ältere Frau auf einem Weg hinter dem Garten sah. In dem Moment, als sie mich wahrnahm und ihre Hunde greifen wollte, waren diese auch schon laut bellend auf dem Weg zu mir. 2 Hunde! (Mischung zwischen weißem Schäferhund und Spitz.) Einen Hund konnte ich mit den Stöcken gut in Schach halten, aber 2? Um mir den Rücken frei zu halten, versuchte ich mich vor einen ca. 3 Meter hohen Hang zu stellen. Aber einer von den beiden Hunden war schneller auf dem Hang und wollte mich von oben angreifen. Bloß gut, dass jetzt das ärgerliche Schimpfen der Frau endlich etwas Wirkung zeigte. Die beiden Hunde ließen widerwillig bellend von mir ab. Jedoch zu früh gefreut, der eine machte wieder kehrt und kam wild kläffend zurück. Er hielt zwar 2 – 3 Meter Abstand, verfolgte mich aber noch 20 – 30 Meter,

bis er endlich zu seinem laut schimpfenden Frauchen zurückkehrte. Mein Herz klopfte heftig – wieder ein kleines Abenteuer bestanden!

Der Weg verlief etwas bergauf und dann an ein paar Häusern vorbei bergab auf eine frisch gemähte Wiese. Plötzlich hörte der Wiesenweg ganz auf. Neben mir schien ein Graben zu sein, dessen Grund voll Kies und trocken war. Dort konnte man gehen. Es ging aber mehr als 1 Meter abwärts. Vor 20 Jahren wäre ich noch runtergesprungen, aber nach über 30 Jahren Dialyse ist man da vorsichtiger. Mich an einem Gebüsch festhaltend, glitt ich langsam hinab. In Gossensass angekommen musste ich feststellen, dass es kein Graben, sondern eine Art Hohlweg war. Ich hatte nur den Anfang nicht gefunden. An Friedhof und Kirche vorbei suchte ich einige Zeit und zusätzliche Meter weiter einen Weg über die Gleise. Hier im Ort konnte ich nicht einfach darüber laufen. Schließlich fand ich am Bahnhof eine Unterführung. Nun ging ich wieder länger bergauf, befanden sich doch die Gleise von Gossensass mindestens 70 Meter unterhalb der Autobahn. Auf Autobahnhöhe angekommen, erwarteten mich die 3 Häuser von Steckholz. Von dort ging ein asphaltierter Weg abwärts bis nach Sterzing. Hier machte ich in der Innenstadt in einem Café ca. eine halbe Stunde Rast. Ich aß etwas und trank viel Eistee, der hier sogar aus dem Zapfhahn kam. Danach suchte ich den Weg zum Flüsschen

Blick auf Gossensass

Eisack, welches hier eine ganz schöne Strömung hatte. Neben der Eisack und auch in der Nähe der Autobahn wanderte ich mehrere Kilometer, bis ich Stilfes erreichte. Schnell wurde mein Flüssigkeitsdefizit bei „Spar“ wieder durch Eistee aufgefüllt. (Ein göttliches Getränk, wenn es wirklich eiskalt ist! Lauwarm kann man es kaum noch genießen.) Beim Vorbeigehen sah ich im Pfarrhaus die Tür offen stehen. Einen Stempel könnte ich mir doch abholen?! Der ältere Geistliche trat sehr vorsichtig auf bei meinem Erscheinen. Vielleicht konnte er mit Dialyse nichts anfangen oder er hatte schon schlechte Erfahrungen mit solchen „Tippelbrüdern“ gemacht?! Ich glaube, er war froh, als ich endlich wieder ging.

Eigentlich war das letzte Stück des Weges immer das anstrengendste, aber heute war es das schönste. Zumal wegen einer Steigung längere Zeit eine junge Frau mit ihrem Fahrrad und ihrem vielleicht 6-jährigen Sohn neben mir lief. Wir unterhielten uns ein wenig. Im Schatten am Waldrand laufend, entdeckte ich ca. eine halbe Stunde von Stilfes entfernt die Möders-Heilquelle. Nach mehreren Schlucken klaren kalten Wassers wanderte es sich noch mal so gut.
Einige Zeit lief ich schon durch Pfulters und versuchte immer wieder über Sprechfunk Mario zu erreichen. Leider kam nie eine Antwort. Das war schon sehr merkwürdig! Plötzlich sah ich vielleicht 200 Meter vor mir mein Auto. Aber Mario hatte gerade umgedreht und fuhr wieder weg. Meine Stimme wurde immer lauter und ich schrie schon fast in das Sprechfunkgerät, aber Mario entfernte sich immer weiter von mir. Eigentlich hätte er mich so schon fast hören müssen, aber seine Gedanken waren bestimmt schon wieder bei anderen Sachen wie den Königsbergern zum Abendbrot. Ich schickte ihm schnell eine SMS und kurze Zeit später, gegen 18.20 Uhr, hatte mich Mario endlich gefunden.

Sehr erstaunt war er, dass ich nach den 30 Kilometern noch so gut drauf war. Ich erzählte ihm von dem Heilwasser. Mario fuhr ja kilometerweit die Berge hoch, um an solches Heilwasser zu kommen. Bei mir lag so etwas auf dem Weg und ich stieß mehr zufällig darauf! Jeder, wie er es verdiente!!! Natürlich war jetzt Mario nicht mehr zu bremsen bei der Aussicht auf köstliches, kaltes Heilwasser und ich musste ihm die Stelle noch mal zeigen. Hier blühte noch immer der Flieder – was für ein wunderbarer Duft.

Samstag, 12.6.2010
Der erste „Ruhetag“

Mario:
Da Achim ja gestern schon die Strecke für heute mitgelaufen war, musste er heute nicht wandern und hatte einen „freien“ Tag. So ganz frei war er aber doch nicht, da wir ja in unser neues Quartier in Vahrn einziehen und zur Dialysebehandlung nach Bruneck mussten. Jedenfalls konnten wir heute ganz in Ruhe um 8 Uhr frühstücken. Danach packten wir wieder mal das Auto ein und bezahlten unsere Übernachtungen in Gries am Brenner in der Pension.
Danach schossen wir noch ein Abschiedsfoto mit der netten Pensionswirtin.

Anschließend ging es los Richtung Vahrn. Da Achim wieder sehr müde war, durfte ich fahren. Die Fahrt zog sich etwa eine Stunde hin und machte aufgrund der Wärme nicht wirklich Spaß. Dank unseres Navi (die wohl wichtigste Investition der Reise) fanden wir auch diese Unterkunft ohne Probleme. Dann hieß es wieder Auto ausladen. Danach hatten wir noch eine knappe Stunde Zeit, bis wir nach Bruneck zur Dialyse fahren mussten. Die Zimmer in der neuen Pension sahen sehr gemütlich aus und hatten schöne Balkone.

Gegen 11.30 Uhr machten wir uns dann auf zur Dialyse nach Bruneck. Achim wollte schon wieder auf dem Beifahrersitz Platz nehmen. Ich hoffte, es dauere nicht mehr lange, bis er mir das Auto schenken würde ...
Auf der Fahrt nickte er immer mal wieder ein. Das war mir auch am liebsten, denn seine ängstlichen Blicke und Kommentare konnten einen auch ganz schön nervös machen. ***(Anm. Joachim: Nicht ängstlich, sondern wachsam! Mein Auto musste mich noch ein paar Jahre begleiten!)***

Nach gut 45 Minuten Fahrt und einigen komischen Manövern des Navi kamen wir im Krankenhaus Bruneck an. Wir stellten unser Auto im Parkhaus ab. Als wir die Preise (1,20 € / Stunde) sahen, wurde es uns aber etwas mulmig. Schließlich mussten wir mit mindestens 6 Stunden Parkzeit rechnen. Zum Glück konnte die Parkkarte aber vom Dialysepersonal entwertet werden, sodass man als Dialysepatient kostenlos parken konnte.

Die Dialyse selbst machte sofort einen sehr modernen Eindruck auf uns und vom Personal wurden wir sehr freundlich empfangen. Dementsprechend verlief die Dialyse auch ohne Probleme. Danach ging es zurück nach Vahrn. Wieder angekommen nahmen wir etwas Abendbrot auf dem Balkon ein und genossen dabei die tolle Aussicht auf das Tal in Brixen und die umliegenden Berge. Auch diesmal gab es wieder keine Klopse, sondern Toastbrot, Jagdwurst, Quark und Joghurt. Danach machte sich Achim ins Bett, denn er wollte aufgrund der Wärme am nächsten Tag um 5 Uhr!!!! von mir zu seinem Startpunkt nach Pfulters gefahren werden. Ich freute mich ja so aufs frühe Aufstehen ...

Sonntag, 13.6.2010
Besuch in Lana
(Fünfzehnter Wandertag, Pfulters – Brixen, 23 Kilometer)

Mario:
Heute früh klopfte es um 4.30 Uhr an meine Zimmertür. Achim wollte mich daran erinnern, aufzustehen. Mein Wecker klingelte fast gleichzeitig mit dem Klopfen und ich war sofort relativ munter, wobei ich noch nicht richtig wusste, wo ich mich eigentlich befand.

Leicht desorientiert traf ich auf einen gut gelaunten Achim, der schon gefrühstückt hatte. Wir konnten zum Startpunkt der Wanderung, nach Pfulters, fahren. Wir waren knapp eine halbe Stunde bei leichtem Regen unterwegs. Ohne große Verzögerung machte sich Achim auf den Weg. Da ich heute Birgit und Ralf (Freunde aus Chemnitz, die gerade hier Urlaub machten) in Lana besuchen wollte, war das Abholen von Achim etwas schwierig.

Per SMS teilte er mir später mit, dass er bis zu unserer Pension in Vahrn laufen wollte, und ich ihn so nicht abholen musste.
Ich fuhr erst mal zurück in die Pension und ging noch mal bis 7.30

Uhr ins Bett. Dann gab es auch für mich von der um unser Wohlergehen besorgten Vermieterin das Frühstück. Danach legte ich mich nochmals eine Stunde aufs Ohr und machte mich dann auf den Weg nach Lana.

Da ich mich für die Landstraße entschied, dauerte die Fahrt fast 1,5 Stunden. Aber das war es natürlich wert – wenn schon Birgit und Ralf in der „Nähe" waren, dann stellte ein Treffen einfach ein Muss dar!
In Lana angekommen wartete Birgit schon an der Hauptstraße, um mich einzuweisen. Erst dachte ich, sie wollte mich veralbern (kommt manchmal vor), als sie mich in eine schmale, steil nach unten führende Einfahrt einer Tiefgarage lotste. Aber da unten stand das Auto schön kühl. Erst mal besichtigten wir die Unterkunft von Birgit und Ralf. Zu meinem großen Erstaunen musste ich feststellen, dass auch Birgit unzählige Flaschen Cola mit in den Urlaub genommen hatte. Es war schön zu wissen, dass man mit seinem Laster nicht allein war!

Nach einem Tratsch auf dem Balkon entschlossen wir uns, etwas essen zu gehen.
Glücklicherweise hatte in der Nähe eine Pizzeria geöffnet. Das war wohl hier in Italien am Sonntag und im Sommer nicht so selbstverständlich.
Ralf bestellte sich eine „kleine" Pizza von gefühltem 1 Meter Durchmesser. Birgit und ich begnügten uns mit einem kleinen Salat. Allerdings wurden wir von Ralf mit Pizza mitversorgt, da sie für ihn wohl doch etwas zu groß war.

In brütender Hitze ging es zurück zur Unterkunft. Gerade noch rechtzeitig, da es langsam anfing, sich einzuregnen. Wir schauten uns auf dem mitgebrachten Netbook noch einige Wanderbilder von Achim an, bevor ich eine kleine Regenpause nutzte, um mich wieder auf den Weg nach Vahrn zu machen. Bei der Verabschiedung flossen Tränen in Strömen und wir waren uns einig, dass die 4 Wochen bis zum Wiedersehen in Chemnitz viel, viel zu lang waren.

Auf dem Rückweg entschloss ich mich, die mautpflichtige Autobahn zu nehmen. Doch ehe ich mich versah, fuhr ich in die falsche Richtung und konnte mich erst nach 20 Kilometern, natürlich nach er-

Abschied von Birgit in Lana

neuter Bezahlung der Maut, in die richtige Richtung bewegen. Na ja, nach mehr als 1 Stunde war ich bei strömenden Regen und teils sogar Hagel wieder in Vahrn angekommen.
Achim lag in seinem Bett und ruhte sich von seiner heutigen Wanderung aus. Wir machten noch etwas Abendbrot (Toastbrot), schrieben diesen Tagesbericht und schauten noch Fußball, bevor es ins Bett ging.

Joachim:
Um 4.00 Uhr klingelte der Wecker. Als wir um 5.40 Uhr los wollten, fing es an zu regnen. Ich war sauer, aber das half auch nichts. Auf in den Kampf! Am letzten Bauernhof von Pfulters war um 6.10 Uhr der Beginn meiner heutigen Wanderung. Dem Hofhund, der mich von vorgestern Abend vielleicht noch kannte, hatte ich ein altes Schinkenbrötchen mitgebracht, welches er freudig annahm. Zum Wanderbeginn regnete es gerade nicht mehr. 1 Kilometer weiter fing es jedoch wieder an, aber nur für 1 Stunde.
Fast den ganzen Tag lief ich auf einem gut ausgebauten Radweg Richtung Brixen. Am Rand des Weges sah ich viele Erdbeerfelder,

die meistens unter Folie versteckt waren. In Grasstein stieß ich auf „besonders gefährliche“ Tiere zur Hausbewachung. Die waren so gefährlich, dass man sie nicht mal aus der Hütte lassen konnte. (Am Hofeingang standen 2 Hundehütten mit starken Drahttüren und darin befanden sich ... Kaninchen.) Kurze Zeit später las ich ein Hinweisschild auf eine Gaststätte mit Namen „Sachsenklemme“. (Beim Tiroler Freiheitskampf wurden hier im Eisacktal am 05. und 06. August 1809 u.a. sächsische Truppen durch Tiroler Schützen aufgerieben.) In diesem engen Tal, meist in unmittelbarer Nähe von Schienen, Autobahn und Fluss lief ich über Mittenwald bis Franzenfeste. Erstaunlich und schön waren jetzt der Sonnenschein im Tal und über den Bergen die Wolken. In Franzenfeste stieß ich auf die Werke eines außergewöhnlichen Hobbygärtners, welcher seine Pflanzen wie auf einem Fensterbrett direkt neben der schäumenden Eisack postiert hatte.

Nun wanderte ich ein ganzes Stück neben der Autobahn, bis mein Weg abzweigte. Weiter ging es durch ein Waldgebiet. Links neben mir sah ich hin und wieder Eisenbahnschienen. Rechts oberhalb von mir sollte sich der Vahrner See befinden. Leider bekam ich ihn nicht zu sehen. Über einen Umweg lief ich in Vahrn ein. Eigentlich wollte ich nach Neustift zum derzeitigen Quartier laufen, um mich etwas auszuruhen. Damit mein Weg morgen nicht zu weit war, hatte ich vor, heute Abend noch weiter nach Brixen zu wandern. Mario sollte mich dann in Brixen abholen. Tagsüber hatte ich ihm ja das Auto zum Besuch einer „verheirateten Frau“ in Lana überlassen. An einem Haus fragte ich nach dem Weg zum Quartier. Es stellte sich heraus, dass sich Neustift auf der anderen Seite des Tales befand. Bevor ich das Quartier erreicht hätte, wäre ich auch schon fast am heutigen Ziel gewesen. Deshalb beschloss ich, sofort von dieser Talseite weiter nach Brixen zu laufen.

Eine freundliche junge Frau erklärte mir den Weg und lud mich dann zu einer kleinen flüssigen Stärkung ein – wozu ich natürlich nicht nein sagte. Es gab aber eine große vierbeinige Hürde – einen Bernhardiner. Er bellte mich laut von der Terrasse über mir an und ich musste aufpassen, nicht von seinem Gesabber getroffen zu werden. Der Hund war an einer langen Leine, und obwohl mir die Frau versicherte, dass er niemanden etwas tat, hatte ich erst das Gefühl, dass er mich gar nicht leiden konnte. Nachdem die Frau die Freiheiten des

Hundes etwas einschränkte und ich mit ihm meinen Zwiebackvorrat teilte, besserte sich unser Verhältnis. Jetzt bekam ich auch ein Glas leckeren Holunderblütensaft.

Die Frau hat mir auch das Rezept mitgegeben: In 3 Liter Wasser gab man den Saft von 9 Zitronen und Zucker in variabler Menge. Darin legte man für einen Tag lang 15 - 20 Holunderblüten. Fertig war ein wohlschmeckendes Erfrischungsgetränk, das auch gegen eine Erkältung helfen konnte. Natürlich kamen wir auch auf die Wanderung und das damit verbundene Anliegen zu sprechen.

Weiter ging es nach Brixen, wo ich am Krankenhaus vorbei bis zum großen Busbahnhof lief. Da Mario noch nicht wieder aus Lana zurück war, fuhr ich mit dem Bus bis nach Neustift. Im Regen musste ich mit dem Schirm bis zum Quartier laufen. Ca. 3 Stunden gewitterte es kräftig und hagelte sogar. Unsere Gastgeber waren Apfelbauern. Besonders der Mann war sehr unglücklich über den Hagel, hatte er doch großen Schaden in den Plantagen angerichtet. Mir machte mein rechtes Knie immer mehr Probleme – hoffentlich würde ich das in den Griff bekommen.

Montag, 14.6.2010
Ungeplanter Ruhetag ...

Mario:
Heute früh war „normales" Aufstehen geplant. Eigentlich wollte ja Achim nach dem Frühstück um 8 Uhr in aller Ruhe von Brixen loswandern. Daraus wurde aber nichts. Als er mir beim Frühstück von seinen stärker gewordenen Knieproblemen berichtete, mussten wir mal etwas Klartext reden. Schließlich konnte diese Wanderung nicht auf Kosten der Gesundheit und auf „Teufel komm raus" durchgezogen werden. Wenn es Probleme gab, mussten sie auch zur Kenntnis genommen und entsprechend reagiert werden.

Daher „überzeugte" ich Achim, heute mal einen kompletten Ruhetag einzulegen und seine „Wunden" zu pflegen. Auch wenn damit verbunden war, dass ein kleiner Abschnitt der Wanderung nicht gelaufen werden konnte – die Gesundheit war nun mal wichtiger.

Achim legte sich also nach dem Frühstück wieder in sein Bett und ruhte sich aus. Auch ich legte mich noch etwas hin, um dann gegen 12 Uhr mit dem Auto in Richtung Kloster Maria Weißenstein bei Bozen, einem bekannter Wallfahrtsort in Tirol, aufzubrechen. Irgendwie hatte ich ein Faible für Kloster. Das machte mir etwas Angst ...

Kloster Maria Weißenstein

Jedenfalls war die Autofahrt viel länger als gedacht. Ich war trotz mautpflichtiger Autobahnfahrt über eine Stunde unterwegs. Das Kloster war natürlich wieder auf einem Berg. Genau dahin führte eine schöne kurvenreiche Alpenstraße.
Oben angekommen war ich schon vom äußeren Anblick beeindruckt. Auch innen sah es nicht gerade ärmlich aus. Für Achim nahm ich eine kleine Flasche Weihwasser mit. Ich dachte, er würde sich darüber freuen. Na ja, ich hatte nicht daran gedacht, dass er evangelisch war. Wir wollten es zum Abschied deshalb einfach der Vermieterin überreichen.

Aufgrund der langen Fahrt war ich erst gegen 19 Uhr wieder in der Pension. Und nein, ich besuchte heute nicht schon wieder eine verheiratete Frau, wie Achim vermutete.
In der Pension angekommen, wartete Achim schon, er wollte Abendbrot essen. Also aßen wir gleich zu Abend. Danach wurde etwas Fußball angeschaut und dann wurde ich gezwungen, während ich diese Zeilen schrieb, einen Heimatfilm mit anzuschauen. Die Höchststrafe für mich. Es konnte eigentlich nur noch besser werden ...

Joachim:
Gestern Abend hatte ich ja vorsorglich auf meine Knieprobleme aufmerksam gemacht, aber gehofft, dass es über Nacht besser wurde. Leider war das nicht so, im Gegenteil. Schon am Morgen hatte ich wieder Beschwerden. Um mit einer noch stärkeren Verschlechterung der Beschwerden nicht die ganze Wanderung zu gefährden, beschlossen wir in einer Krisensitzung, dem Knie vorerst 2 Tage Ruhe zu gönnen.

Aber weniger ich beschloss dies, sondern Mario verdonnerte mich dazu. Gerade ich wäre bei dem heutigen idealen Wanderwetter bei bewölktem Himmel und ohne Regen lieber draußen gewesen, aber mein Knie und mein Hinterkopf sagten mir, dass Mario vielleicht doch nicht ganz unrecht hatte. (Anm. Mario: Gab es daran jemals Zweifel?) *Es widerstrebte mir, einfach ein Stück meiner Wanderung auszulassen. Ich hatte schon vor, es wenigstens mit dem Fahrrad zu fahren, aber „Dr. Mario" redete mir auch das aus. Zu denken gab mir, dass Mario am Mittag mit meinem Auto los gezogen war, um angeblich wieder ein Kloster zu besuchen. Wer wusste schon, welchen Frauen er heute wieder einen Besuch abstatteten würde ...*
So pflegte ich hauptsächlich mein Knie, schlief viel und las einen „Konsalik" der Vermieterin. Der Tag war eine völlig neue Erfahrung, da ich zu Hause zu so etwas nicht die Zeit und auch nicht die Ruhe fand.

☙

Dienstag, 15.6.2010

Neue Probleme ...

Mario:
Der Tag begann wieder ziemlich ruhig mit dem Frühstück um 8 Uhr. Heute war ja sowieso ein weiterer Ruhetag für Achim eingeplant. Da heute noch die Dialyse in Bruneck durchgeführt werden sollte, gingen wir nur einige Lebensmittel einkaufen und ließen ansonsten Fünfe gerade sein. Pünktlich um 11.30 Uhr brachen wir zur Dialyse in Bruneck auf.

Nun zu den Problemen:
Nachdem uns ein geplantes Dialysezentrum am Gardasee vor einigen Tagen aus für uns nicht nachvollziehbaren Gründen die bereits schriftlich zugesagte Dialyse einfach wieder abgesagt hatte, stand für uns damit die gesamte Wanderung auf dem Spiel. Das Dialysezentrum hatte sich zwar wirklich um eine Ersatzdialyse gekümmert, aber ein fahler Beigeschmack blieb trotzdem. Zumal wir jetzt 100 anstatt etwa 30 Kilometer zur Dialyse fahren mussten.

Nur eine Dialyse in der „Umgebung" unserer Unterkunft in Rovereto, das Dialysezentrum in Castiglione Delle Stiviere erklärte sich bereit, uns beide am 19., 22. und 24. Juni zu dialysieren. Diese Dialyse war jedoch von Rovereto etwa 100 Kilometer entfernt und wir mussten schon am 18. Juni, einen Tag vorher, zu einer Voruntersuchung hinfahren, was unseren Zeitplan noch weiter ordentlich durcheinanderbrachte.

Als ob das noch nicht genug gewesen wäre. Achims Knie erholte sich etwas. Das machte uns für den Moment eigentlich keine großen Sorgen. Was uns größeres Kopfzerbrechen bereitete, war eine wahrscheinlich wieder „aufgeloderte" chronische Bauchspeicheldrüsenentzündung bei Achim.
Daher konnte er auch gestern und heute nicht richtig essen, und hielt eine strenge Diät mit Zwieback, Honig und schwarzem Tee ein. Wenn er aber weiter wandern wollte, würde das als eine ausreichende Ernährung bei dieser Belastung nicht ausreichen.
Bei der heutigen Blutabnahme an der Dialyse stellte sich jedoch heraus, dass die Bauchspeicheldrüsenenzyme nur leicht erhöht waren. Ich dachte mir mal, das lag an meiner tollen Pflege ...

Tja, und nun? Die Beschwerden bestanden ja trotzdem! Was sollten wir tun?

Da es Achim mittlerweile besser ging, beschlossen wir Folgendes:

1. Achim sollte heute Abend versuchen, „normal" zu essen
2. Sollte Punkt 1 ohne Probleme gehen, würde Achim morgen auch wandern und natürlich normal essen
3. Am Donnerstag würden wir, wie geplant, in Bruneck dialysieren
4. Sollte Punkt 1 bis 3 irgendwelche Probleme machen, würde die Wanderung abgebrochen und zurück nach Deutschland gefahren
5. Sollte es keine Probleme geben, würden wir am Donnerstag die Dialyse in Castiglione Delle Stiviere endgültig zusagen und am Freitag schon einmal zur Voruntersuchung hinfahren
6. Mal schauen ...

Soweit zu unserem Plan. Wir dachten, dass wir damit alles in unsere Überlegungen einbezogen hatten und auch kein übermäßiges Risiko für Achims Gesundheit eingingen. Fest stand, der weitere Verlauf der Wanderung stand in diesem Moment auf Messers Schneide. Wie sagte schon der „Kaiser": „Schaun wir mal, dann sehn wir schon ..."

Jedenfalls ging es Achim gleich sichtlich besser, als er von seinen Blutwerten hörte. Die Dialyse verlief ohne Probleme. Wir kehrten wieder zurück zur Pension in Vahrn.

Erwähnenswert war noch, dass ich mit Achim heute die erste gemeinsame Nacht verbringen würde (musste). Eigentlich wären wir heute ja schon in Bozen. Aufgrund der ganzen Umstände hatten wir hier in Vahrn aber noch eine Nacht dazu gebucht und in Bozen abgesagt. Da das zweite Zimmer der Pension aber ab heute belegt war, musste Achim mit in mein Doppelzimmer einziehen. Es blieb abzuwarten, wer nachts am lautesten schnarchen würde. Mein Tipp: Achim! *(Anm. Joachim: Wenn Mario schnarchte, hörte man das noch 3 Häuser weiter!)*
Na dann, gute Nacht ...

Mittwoch, 16.6.2010
Es geht weiter
(Sechzehnter Wandertag, Branzoll – St. Florian, 18 Kilometer)

Mario:
Glück gehabt – könnte man sagen. Auf jeden Fall hatte Achim das gestrige Abendbrot und heutige Frühstück ganz gut vertragen, sodass wir uns entschlossen, die Wanderung fortzusetzen.

Wer von uns nun lauter geschnarcht hatte? Keine Ahnung. Achim meinte ja, ich wäre das gewesen. Ich schlief aber nach dem gestrigen Fußballabend gleich ein. Wahrscheinlich hatte Achim das halbe Haus zusammen gesägt und ich habe das nur nicht gehört. Schließlich hatte ich einen sehr festen Schlaf. Er sollte mir doch mal das Gegenteil beweisen!

Gegen 10.30 Uhr waren wir (oder eher Achim) dann endlich fertig mit Zusammenpacken. Heute mussten wir ja in die neue Pension nach Salurn umziehen. Nach langem Kampf gelang es mir auch endlich mal, ein Foto des Inhalts von Achims verdammt schweren Koffer zu schießen. Aber eigentlich wusste ich immer noch nicht, was darin so schwer war. ***(Anm. Joachim: Wusste ich selbst nicht.)***

Als dann alles im Auto verstaut war, verabschiedeten wir uns wieder einmal von einer sehr lieben Vermieterin.
Als sie von Achims Problemen und unserer Dialysepflicht hörte, war sie sehr besorgt um uns (also mehr um Achim). Achim wurde von ihr zum Frühstück nach allen Regeln der Kunst verwöhnt und hatte praktisch Wunschkost. Wir möchten uns dafür auf diesem Wege nochmals ganz herzlich bei der Vermieterin bedanken. Wir haben uns dort sehr wohl gefühlt.

Dann ging es auf in Richtung Salurn, mit der Absicht, Achim etwa 18 Kilometer vorher in Branzoll abzusetzen. Dort wollte er seine Wanderung fortsetzen und bis zur Pension in Salurn wandern. Nach etwa einer dreiviertel Stunde kamen wir in Branzoll an. Wieder mal bei schönstem Regen setzte ich Achim am Bahnhof ab. Natürlich fiel ihm auch heute nach den ersten Schritten etwas ein, was er noch aus seinem Rucksack brauchte. Heute war es mal die Wanderkarte.

Start der Tagetour am Bahnhof in Branzoll

Mit gemeinsamer Anstrengung fanden wir diese im Rucksack und schnell wurde der Weg nochmals durchgegangen. Danach ging es dann wirklich los.

Ich fuhr mit dem Auto weiter in die neue Pension. Da ich Achims Ehrgeiz kannte, machte ich mir heute schon etwas Sorgen. In der Pension in Salurn angekommen, begann meine übliche harte Arbeit: Papierkram in der Pension erledigen, Zimmer inspizieren, Auto wieder ausräumen, etwas ausruhen und mit dem Tagesbericht anfangen.

Gegen 18 Uhr meldete sich Achim per Funk, dass er es nicht bis in die Pension schaffen würde und ich ihn doch aus St. Florian holen sollte. Etwas in Sorge machte ich mich zu seiner Position auf. Es ging ihm aber soweit gut. Das Kartenmaterial war nicht korrekt, sodass er schon 18 Kilometer gelaufen und trotzdem noch ca. 6 Kilometer von Salurn entfernt war. Froh, dass er hier nicht falschen Ehrgeiz entwickelt hatte, fuhren wir zurück nach Salurn.

Joachim:

Nach den gesundheitsbedingten 2 Ruhetagen stand heute laut Plan die Wanderung von Bozen nach Salurn auf dem Programm. Da ich aber nach der Ruhe- und Diätphase die 28 Kilometer (laut Goetheweg-Buch) nicht sofort durchlaufen wollte, entschloss ich mich 10 Kilometer hinter Bozen in Branzoll zu beginnen. Laut Buch waren das noch 18 Kilometer bis Salurn, was ich für angemessen hielt. Nach dem Packen und der Verabschiedung von der sehr lieben Frau Winkler, welche uns fast wie eine Mutter umsorgt hatte, fuhr mich Mario nach Branzoll zum Bahnhof.

Nach dem Anlegen der Regenkleidung, welche ich an diesen Tag noch mehrmals an- und ausziehen sollte, lief ich ab 12 Uhr durch den Ort in Richtung des Flusses Etsch. Noch in Branzoll erregte eine kleine Kiwi-Plantage mein Interesse. Auch die Pflanzenwelt zeigte mir, dass ich in immer wärmere Gefilde kam. Den ganzen Tag wanderte ich in der Nähe des Flusses an Auer, Vill und Neumarkt vorbei bis zur Brücke bei St. Florian. Dort waren die 18 Kilometer erreicht und meine Kräfte waren fast am Ende. Außerdem fing es stärker an zu regnen. Bis Salurn waren es immer noch 6 Kilometer. Hier irrte sich das „Goetheweg-Buch“ in der Entfernung.

2 erwähnenswerte Dinge gab es noch: Vor Auer, nahe einem Rastplatz, traf ich 6 Radler(-innen) aus „Leipsch“ (für Nichtsachsen: Leipzig). Mit ihnen kam ich, schon bedingt durch die wohnliche Nähe, sofort ins Gespräch und verwies hierbei auch auf den Zweck der Wanderung. Die zweite erwähnenswerte Sache waren die Nachtigallen. Es gab zwar in höheren Lagen auch viele Vögel, aber den schönen Gesang der Nachtigallen hatte ich immer vermisst. Seit Beginn meiner Wanderung waren sie heute erstmalig zu hören. Mal sehen, wie lange ich sie in Richtung Süden vernehmen würde. Um 18.15 Uhr holte mich Mario von der Brücke bei St. Florian ab. Ich hoffte, dass ich am nächsten Tag wieder etwas fitter wäre. Wir wollen uns weiter vor bis Venedig kämpfen ...

Donnerstag, 17.6.2010
Weitere Dialysebehandlungen geregelt
(Siebzehnter Wandertag, St. Florian – Masetto, 13 Kilometer)

Mario:
Heute früh klopfte Achim 5.30 Uhr an meine Zimmertür, da er in seinem Zimmer nur Steckdosen hatte, an die unsere Adapter nicht passten. Deshalb musste er zum Frühstück seinen Toaster bei mir im Zimmer anwerfen. Ja, um diese Zeit gab es eben auch im Jugendhaus von Salurn noch kein Frühstück. Wer steht auch schon so zeitig auf?

Das Frühstück von Achim in meinem Zimmer war auch der Startschuss für mich zum Aufstehen. Achim wollte ja wieder um 6 Uhr nach St. Florian gefahren werden, um die Wanderung am gestrigen Endpunkt fortzusetzen. Mit absolut guter Laune und völlig begeistert von dieser Zeit stand ich auf und ging ins Bad. In der Zwischenzeit wurde Achim mit dem Frühstück fertig und ich fuhr ihn nach St. Florian. Dort angekommen machte sich Achim bei schönstem Wanderwetter auf den Weg bis nach Masetto.

Ich fuhr zurück ins Jugendhaus. Was mich immer noch beschäftigte: Warum hatte Achim eigentlich Zimmer in einem JUGENDhaus gebucht? *(Anm. Joachim: Das nächste Mal bekommt Mario ein Zimmer im Altersheim!)*
Ich legte mich wieder ins Bett und versuchte bis zum (richtigen) Frühstück um 8 Uhr (das war mal eine annehmbare Zeit) noch etwas zu schlafen. Das war mir so nicht vergönnt, da eine Gruppe Kinder im Haus lautstark auf sich aufmerksam machte. Also döste ich bis 8 Uhr nur noch etwas vor mich hin. Dann ging ich in den Frühstücksraum und frühstückte lecker. Und wer jetzt denkt, in einem „Jugendhaus", übrigens hier der Begriff für Jugendherberge, lässt es sich nicht aushalten, der irrt gewaltig. Wir hatten hier sehr schöne Zimmer, einen netten und hilfsbereiten Hausmeister, der sich wirklich um alles kümmerte, und das Essen stimmte auch. Was wollte man mehr?

Ich hatte von Achim Order, ihn gegen 10 Uhr aus Masetto abzuholen. Wir wollten dann von dort gleich zur Dialysebehandlung nach Bruneck fahren. Mal abgesehen davon, dass ich erst mal an Achim vorbeifuhr (ich war halt etwas schnell und Achim wartete in einer

Kurve), sammelte ich ihn schnell ein. Er sah auch noch ziemlich frisch aus. Seine Probleme schienen sich also doch langsam zu geben und das machte Hoffnung, dass wir es doch bis Venedig schaffen würden. Wir fuhren also zur Dialyse in Bruneck. Dank der mautpflichtigen Autobahn dauerte die Fahrt „nur" 1,5 Stunden.

Dann gab es eine tolle Überraschung. Da es sich bei dem Dialysezentrum in Castiglione Delle Stiviere um eine LC-Dialyse (LC = Limited Care, es war also nicht ständig ein Arzt anwesend) handelte, hätten wir am nächsten Tag schon mal die 100 Kilometer zur Voruntersuchung hinfahren müssen. Eine ganz liebe Schwester im Dialysezentrum Bruneck trieb für uns aber im letzten Moment noch eine andere Dialyse auf – in Montichiari. Das bedeutete zwar fast 1,5 Stunden Fahrtzeit, dafür mussten wir aber am nächsten Tag nicht erst zur Voruntersuchung, da es sich nicht um ein Limited-Care-Dialysezentrum handelt. Dort wollten wir am 19.6., 22.6. und 24.6. dialysieren. Wir waren sehr froh, dass das klappte.

„Dank" der Absage des Dialysezentrums am Gardasee hatten wir nun erheblich mehr Aufwand an diesen 3 Tagen. Wir waren aber ganz zuversichtlich, dass wir das mit einigen „kleinen" Änderungen im Zeitplan ganz gut in die Reihe bekamen. Es konnte jedenfalls erst einmal weitergehen ...

Ich schlief zwar an der Dialyse etwas ein, bekam jedoch sehr wohl mit, wie Achim mit der zuständigen jungen Schwester geflirtet hatte. Eine Minute vorher sagte er mir noch, dass er jetzt sehr müde sei und schlafen wollte. Jedoch habe ich ihn selten so munter gesehen wie bei seinen Fragen, mit denen er die Schwester pausenlos bombardierte. Er hatte sie so in Beschlag genommen, dass sie sich gar nicht mehr richtig um mich kümmern konnte! *(Anm. Joachim: Erstens hatte Mario seine eigene Schwester, zweitens muss man die Gelegenheit beim Schopfe packen und drittens war Mario neidisch, weil er meine Schwester auch hübsch fand!)*
Jedenfalls konnten wir sagen, dass wir von der Dialyse in Bruneck sehr kompetent betreut wurden. Hier kann man bedenkenlos wieder einmal dialysieren. Vielen Dank an das Personal für die freundliche und sehr herzliche Betreuung.

Joachim:

Nach einem kurzen, ruhigen Schlaf war um 5 Uhr die Nacht vorbei. Da sich in meinem Zimmer nur italienische Steckdosen befanden, bei Mario aber sogar Schukosteckdosen für den Toaster, tappte ich um 5.30 Uhr rüber zu Mario. Seine Augen wurden mit jedem Tag zeitigen Aufstehens kleiner. Wenn ich ihn früh so verschlafen sah, tat er mir sogar etwas Leid. Hatte er am Anfang während der Dialyse eventuell mal eine halbe Stunde vor sich hingedämmert, schlief er jetzt ein bis zu 2 Stunden fest. Er sah dabei so friedlich aus, dass die Ärzte bei der Visite sich niemals trauten, ihn zu wecken. Nach einer halben Stunde

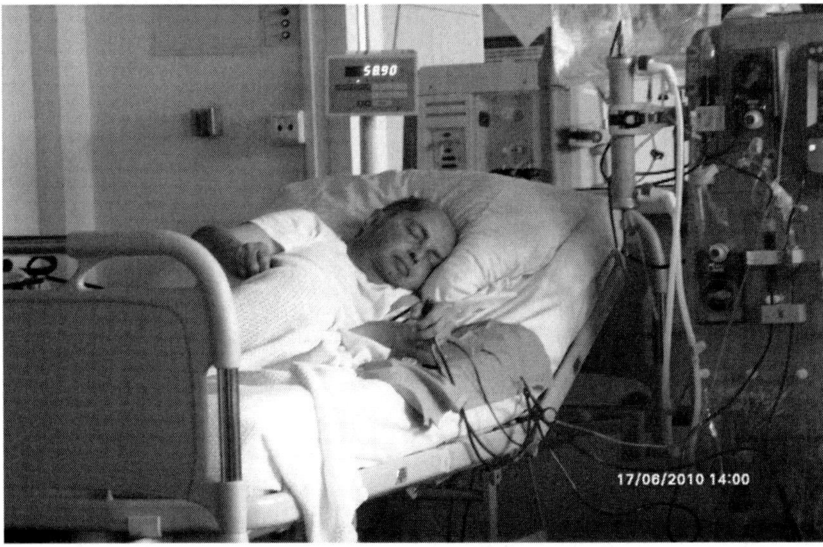

Mario völlig geschafft während der Dialyse in Bruneck

hatte Mario heute früh seine Augen soweit im Griff, dass er mich zur Brücke in St. Florian bringen konnte. Ab 6.35 Uhr wanderte ich immer den Etsch-Radweg entlang, an Salurn vorbei bis nach Masetto. Erwähnenswert war zum einen das Wetter. Der Hausmeister vom Jugendhaus Noldin in Salurn sagte uns, dass es vor unserer Ankunft 40 Tage nicht geregnet hätte. Seit unserem Eintreffen gestern, aber auch heute, regnete es immer wieder mal.

Die ganze bisherige Wanderung lief ich meist in einem Tal, begrenzt durch hohe imposante Berge. Einen besonderen Reiz verströmten hier jedoch die niedrigen, oft in 2 Stufen übereinanderstehenden bzw. in den Bergen hängenden Wolken und die fast senkrecht abfallende Form der Berge in den engen Tälern um Salurn. Das verlangte geradezu den öfteren Gebrauch des Fotoapparates. Kurz nachdem ich mich in Masetto an die Straße gestellt hatte, fuhr Mario an mir vorbei. Das passierte bereits häufiger. Erst im letzten Moment sah er mich, obwohl ich schon fast auf der Straße stand. In solchen Fällen fragte ich mich schon, ob ich ihm weiter das Auto anvertrauen oder ob ich ihn erst mal zum Augenarzt schicken sollte!? (Anm. Mario: Gut, dass ich Achim nicht gesagt hatte, dass ich vom Augenarzt Fahrverbot habe!)

Kurz noch etwas zu meinen Bauchspeicheldrüsenproblemen: Mit sehr konsequenter Diät (Zwieback, Toastbrot, Putenwurst mit unter 1 Prozent Fett, Traubenzucker und schwarzem Tee) flachten die Beschwerden etwas ab. Da ich Angst vor einem erneuten Aufflackern hatte, wollte ich noch einige Tage Diät halten– obwohl es mich auch immer mehr Überwindung kostete. Wenn auch etwas dünner, so hegte ich die Hoffnung, dass wir noch in Venedig ankämen. Für Marios Bauch wäre diese Diät sicher auch angebracht. Aber ob ich ihn da überzeugen können würde? (Anm. Mario: NEIN!)

Freitag, 18.6.2010
Rätsel über Rätsel
(Achtzehnter Wandertag, Masetto – Trento, 19 Kilometer)

Mario:
Heute früh hieß es mal wieder „normal“ aufstehen, nämlich um 7.30 Uhr. Zum Frühstück im Jugendhaus ging ich allein, da Achim seine Bauchspeicheldrüse schonen musste und daher seine Diät im Zimmer aß. Ich ließ mir das ungesunde, aber leckere und reichliche Frühstück schmecken.

Danach ging es wieder mal ans Auto einräumen, da wir heute von Salurn nach Rovereto umziehen mussten. Gegen 10 Uhr ging es nach einem Abschiedsfoto und Bezahlung beim Hausmeister des Jugendhauses los. Ich setzte unterwegs Achim an seinen gestrigen Endpunkt in Masetto wieder ab. Nach dem obligatorischen Rucksack auf, Rucksack runter, Rucksack auf, machte sich Achim auf den Weg.

Ich fuhr weiter auf die Autobahn nach Rovereto. Als ich dort endlich nach einigem Suchen unsere Unterkunft gefunden hatte, klingelte ich an der Tür. Zunächst öffnete niemand, dann erschien eine ältere Frau, die jedoch nur Italienisch sprach. Sie holte eine weitere Frau dazu, die Englisch sprach. So konnte ich erst mal mitteilen, dass ich im Haus einziehen wollte. Die Frau rief daraufhin die Vermieterin an, die auch innerhalb von einigen Minuten eintraf. Gemeinsam gingen wir zu unseren Zimmern. Ein Schock war für mich, dass die Zimmer im dritten Stock lagen. Dazu kam, dass am Haus keine Parkmöglichkeit bestand. Das Auto musste etwa 200 Meter vom Haus entfernt abgestellt werden – wenn man dort einen Parkplatz fand.

Na ja, jedenfalls war ich nicht so begeistert. Aber die Vermieterin war nett und bemühte sich, unsere (oder mehr Achims) Wünsche zu erfüllen. Und das waren nicht wenige – ausgefallene Wünsche wie um 5.30 Uhr Frühstücken noch dazu.
Nachdem ich das Gepäck größtenteils ausgepackt und bis in den dritten Stock geschleppt habe, legte ich mich etwas hin, um dann mit dem Vermieter Fußball zu schauen. Die Fußballweltmeisterschaft fand ja gerade statt. Tja, wie es ausging, ist ja bekannt.

Gegen 18 Uhr bekam ich von Achim eine SMS mit seiner Position in Trento. Die versuchte ich, ins Navi einzugeben. Das gelang mir nicht. Auf Nachfrage beim Vermieter erfuhr ich, dass man nicht Trento, sondern Trient eingeben muss. Dann fand ich auch die von Achim angegebene Straße.

Nach etwa einer halben Stunde Fahrzeit und meiner ersten Bekanntschaft mit dem „echten“ italienischen Straßenverkehr in Trento (ich vermisste die Serpentinen!!!), fand ich Achim ziemlich schnell. Er wurde eingeladen und zurück ging es nach Rovereto.
Dort aßen wir noch etwas Abendbrot in der Stube der Vermieter. Es sah ganz so aus, als wäre das eine typische italienische Unterkunft mit Familienanschluss. Mal schauen ...

Etwas uneinig waren wir uns darin, wie wir das Teil neben der Toilette nutzen sollten. Achim meinte ja, man setze sich am besten mit dem Kopf zur Wand darauf. Als ich ihn darauf hinwies, dass wir wahrscheinlich die Beine überhaupt nicht mehr so weit auseinander bringen, musste er das einräumen und war sichtlich ratlos. Oder war es ein Urinbecken, bei dem man im Knien ...
Oder Achim konnte da mal seine nicht mehr so frischen Füße drinnen waschen. *(Anm. Achim: Oder Mario im Knien seinen Bauch??)*

Joachim:
Da heute Bewölkung und Regen vorausgesagt waren, beschloss ich, auch mal auszuschlafen. Dem Frühstück des Hauses entsagte ich jedoch und hielt mich an mein Toastbrot und an den Puten-Aufschnitt. So gegen 9.50 Uhr verließen wir Salurn und kurz darauf begann ich meine heutige Wanderung in Masetto. Ab hier befand ich mich nicht mehr im deutschsprachigen Raum von Italien.
Nach rund 500 Metern gab es das erste Problem an diesem Tage. Der Weg war wegen Bauarbeiten nicht mehr begehbar. Also zurück über die Brücke und auf der anderen Seite einen Weg gesucht. Die-

„Giro de Italia" der Frauen

ser hörte aber wenig später an Bahnschienen auf. Da ich nicht noch mal umdrehen wollte, überquerte ich die abgesperrten Schienen auf Umwegen. Kurze Zeit lief ich durch einen Weingarten und erreichte endlich einen begehbaren Weg an der Etsch bis zum nächsten Ort, Nave San Felice.
Um ca. 3 Kilometer zu sparen, wanderte ich über den 80 Meter höher gelegenen und sehr gepflegten Ort Pressano bis nach Lavis. Einige Zeit brauchte ich in Lavis, bis ich die Brücke über das Flüsschen Avisio gefunden hatte. Ich wunderte mich über die vielen Polizisten an der Brücke, aber kurz darauf sah ich den Grund: Das Radrennen „Giro de Italia“, aber nicht der Männer, sondern der Frauen, passierte die Brücke. An einer Verkehrsinsel in der Mitte der Straße kurz vor mir, stürzten einige, rappelten sich aber schnell wieder auf und fuhren weiter. Auch ich wanderte weiter bis zur Etsch und an dieser entlang, meist in der Nähe der Autobahn bis nach Trento bzw. Trient. Nach einiger Wartezeit gabelte mich Mario hier auf und wir fuhren zu unserem neuen Quartier in Rovereto.

Samstag, 19.6.2010
Endgültiger Abbruch!
(Neunzehnter und für dieses Jahr letzter Wandertag, Trento – Mattarello, 9 Kilometer)

Mario:
Für mich hieß es heute wieder um 6 Uhr aufstehen, da Achim zeitig loswandern wollte. Heute war ja auch noch unsere erste Dialyse in Montichiari geplant. Dafür mussten wir ca. 1,5 Stunden Fahrzeit einplanen. Als Achim an meine Zimmertür klopfte, erzählte er mir, dass er wieder stärker werdende Probleme mit seiner Bauchspeicheldrüse beim Essen hatte. Es wäre wieder schlimmer geworden und er dachte, dass er für den Rest der Wanderung nicht mehr genügend essen könnte. Gott sei Dank zog er die notwendige Schlussfolgerung daraus selbst und seine Entscheidung teilte er mir gleich mit:
ENDGÜLTIGER ABRUCH nach der heutigen Tour.

Nach der Entscheidung fuhr ich Achim zum Startpunkt der heutigen

Wanderung: nach Trento. Er gefiel mir überhaupt nicht. Man sah auch deutlich, dass er abgenommen hatte.
Nachdem er sich auf den Weg gemacht hatte, fuhr ich zurück nach Rovereto. Dort klärte ich einige Sachen, die eben zu klären waren, wenn man 3 Wochen früher wieder nach Hause kam – wie zum Beispiel die Dialysebehandlung.

Blick auf Mattarello – dem letzten Ort des 1. Teils der Wanderung

Das war schnell erledigt und dann wurde es schon wieder Zeit, Achim abzuholen. Er hatte heute „nur" 3 Stunden Wanderung eingeplant.

Als ich ihn gegen 10.30 Uhr in Mattarello einsammelte, waren ihm die Strapazen deutlich anzusehen. Durch das wenige Essen hatte er einfach nicht mehr die Kraft, solche Strecken durchzustehen. Ich fragte vorsichtshalber noch mal nach, ob die Entscheidung für den Abbruch weiterhin stand. Es kam ein deutliches „Ja" – alles andere hätte aber auch deutliche Worte von mir ausgelöst.

Ziemlich geknickt saß Achim neben mir, als wir zurück nach Rovereto fuhren. Für ihn platzte damit ein großes Ziel. Die Überlegung stand, diese Wanderung im nächsten Jahr an dem jetzigen Endpunkt in Mattarello fortzusetzen. Mal schauen, was sich daraus entwickeln würde.

Jedenfalls fuhren wir noch nach Montichiari zur Dialyse. Dort angekommen, hatten wir wegen der Sprachbarriere etwas Bedenken zur Durchführbarkeit der Dialyse. Das stellte sich aber schnell als unbegründet heraus. Mit etwas Englisch, Händen und Füßen war

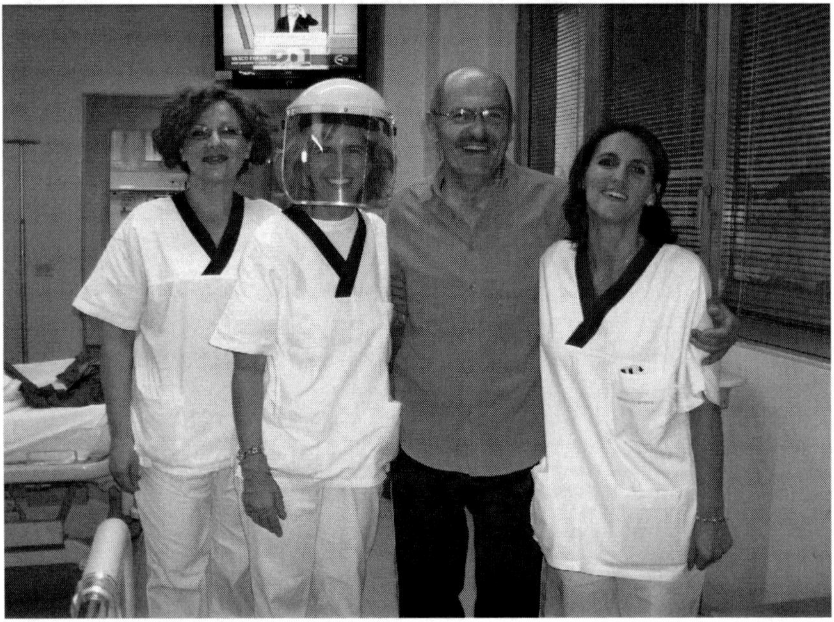

Joachim mit den Schwestern der Dialyse in Montichiari

alles schnell geregelt. Auch dieses Zentrum war modern ausgestattet, wenn man mal von den fehlenden Tischen am Bett absah. Die Dialyse verlief problemlos und auch hier wurden wir von sehr nettem Personal betreut.

Am nächsten Tag würden wir nach Hause fahren. Es blieb die Gewissheit, dass eine Alpenüberquerung zu Fuß als langjähriger Hämodialysepatient möglich und die weitere Wanderung bis nach Venedig nur knapp gescheitert war. Es blieb aber auch die Hoffnung, dass es nächstes Jahr hier weitergehen würde.

Ziemlich traurig und nachdenklich gingen wir schlafen.

Unsere Internetseite über die Wanderung sollte erst einmal so bestehen bleiben. In den nächsten Tagen wollten Achim und ich auf dieser Seite eine Zusammenfassung und ein Fazit geben.
Mit einigen Tagen Abstand konnte man sicher besser einen Rückblick schreiben. Weiterhin würde es auf der Homepage in den nächsten Tagen eine Fotogalerie mit allen während der Wanderung geschossenen Bildern geben! Und im nächsten Jahr sollte dieser Blog (hoffentlich) fortgesetzt werden.

Joachim:
Um 5.20 Uhr klingelte der Wecker. Unsere Herbergswirtin war extra mit aufgestanden und hatte mir nach Wunsch ein gutes Frühstück bereitgestellt. Aber ich war beim Ansehen schon satt und bei den ersten Bissen wurde mir schlecht. Mit Mühe quälte ich mir 2 Toastschnittchen runter. Jetzt war es genug. So oder ähnlich ging das schon seit fast einer Woche, mal etwas besser, mal etwas schlechter. Letzten Sonntag hatte ich nach dem Verzehr einer halben Büchse Hering mit Tomatensoße zum Abendbrot fast die ganze Nacht Schmerzen im Bauch – dort wo sich die Bauchspeicheldrüse befand. Zu Hause verzehrte ich oft eine ganze Büchse von diesem Gericht und meine Innereien vertrugen es immer. Sehr wahrscheinlich machte die doch kräfte- und nervenzehrende Überwindung der Alpen auch meine, schon seit Langem vorgeschädigte Bauchspeicheldrüse etwas anfälliger und da reichte der Fisch dann eben aus. Am darauf folgenden Montag wollte ich nicht nur meine Knie schonen, sondern auch meinen Bauch. Aufgeben wollte ich nicht, jedenfalls nicht ohne es versucht bzw. gekämpft zu haben. Eigentlich sollte man bei einer akuten Bauchspeicheldrüsenentzündung alles ruhig angehen und nach dem Essen sogar etwas ruhen. Da meine Blutwerte am Dienstag aber nicht sehr hoch waren, hoffte ich darauf, es auch so wieder hinzubekommen. Aber trotz sehr konsequenter Diät stellte sich keine richtige Verbesserung ein, was vielleicht der körperlichen Anstrengung geschuldet war. Bei der Diät nahm ich zu Hause schon ohne körperliche Anstrengung ab. Durch die täglichen Wanderungen baute mein Körper jedoch noch mehr ab. Nachdem mir heute, wie schon beschrieben, beim Essen immer noch schlecht wurde, war der Punkt erreicht, die Wanderung zu beenden, um nicht noch dauerhaften körperlichen Schaden anzurichten. Mit der Bauchspeicheldrüse war nicht zu spaßen.

Einige, ich hoffe nur wenige, werden möglicherweise sagen: Das war doch abzusehen, das kann ein Hämodialysepatient, noch dazu nach über 30 Jahren Dialyse, gar nicht schaffen. Diesen Kritikern muss ich aber sagen: Wir haben die Alpen geschafft. Wir sind von München über das Karwendelgebirge und den Brenner bis nach Trento und noch ein paar Kilometer weiter gekommen. Von da an wären es fast nur noch gut ausgebaute flache Wege gewesen. Diese restlichen 250 Kilometer hätten wahrscheinlich nach den oft sehr schwierigen 380 Kilometern keine großen Probleme mehr gemacht. Falls, was ich stark hoffe, die Bauchspeicheldrüse sich wieder beruhigte und sich auch sonst nichts anderes einstellte, würden wir im nächsten Jahr den Rest der Wanderung, das heißt von Mattarello nach Venedig, fortsetzen. Ich würde alles dafür tun, um unser Projekt „Wandern für Dialyse und Organspende – von München nach Venedig" im Jahr 2011 zu beenden.

Nun noch kurz etwas zum heutigen letzten Wandertag in diesem Jahr. Immer an der Etsch entlang ging es von Trient bis nach Mattarello. Nach dem Start um 7 Uhr hörte ich vor allem am Anfang viel Vogelgesang, besonders den der Nachtigallen. Viele wilde Kaninchen, manchmal waren über 10 auf einmal zu sehen, saßen ohne Scheu im Gras neben dem Damm zum Fressen. Das Wetter war herrlich zum Wandern – bewölkt mit leichtem Wind. Die Berge rundherum, ein kleiner Wasserfall von ganz oben, das alles war so wunderbar, dass es mir schwerfiel, dieses „Paradies" zu verlassen. Aber, so Gott will, würden wir dies im nächsten Jahr wiedersehen und unseren Weg fortsetzen!

Samstag, 20.6.2010
Wieder in der Heimat …

Mario:
Wir kamen, etwas aus Angst durchgeschwitzt, in Gries am Brenner an, weil unser Tank fast komplett leer war. Achim wollte nicht noch mal in Italien tanken, sondern erst in Österreich, weil dort das Benzin wesentlich preiswerter war. Was nicht eingeplant war, vorm Brenner war Stau. So wurde es noch eine Zitterpartie bis nach Gries, denn wir wussten, dass es dort eine Tankstelle gab, die auch am Sonntag geöffnet war. Na ja, es klappte gerade so. Achim wollte wohl die Spannung bis zum letzten Augenblick aufrechterhalten …

In Gries ging Achim widerwillig mit mir noch einmal in ein Café, weil ich unbedingt in Österreich Kaiserschmarrn essen wollte. Wenn er vorbeigefahren wäre, hätte es aber richtigen Ärger im Auto gegeben. Ich glaube, das wusste er.

Rückfahrt bei Schneefall auf der Brennerautobahn

Hm, lecker, schon der Geruch – ein Genuss! So viel Zeit musste sein! Ich glaube, das war eine richtige Phosphatbombe. Aber meine lieben Ärzte – jawohl, ich nahm dazu meine Phosphatbinder ein.

Achim musste aufgrund der Probleme mit der Bauchspeicheldrüse seine Diätnahrung im Auto essen. Ihm war es auch heute früh wieder etwas übel, was uns zeigte, dass die Entscheidung für den Abbruch auf jedem Fall richtig und absolut notwendig war.

Danach ging es bei Schneefall(!) und später bei teils ziemlich starken Regen weiter über die Brennerautobahn (leider keine Serpentinen). Erst in Deutschland besserte sich das Wetter etwas.
Bei der Rückfahrt wechselten wir uns immer mal mit dem Fahren ab, sodass wir zügig vorankamen. Bei mir zu Hause gegen 19 Uhr angekommen, mussten meine Sachen wieder ausgepackt werden. Irgendwie hatten wir das Gefühl, es war mehr geworden – komisch ...
Zum Glück half mein Nachbar beim Tragen in den vierten Stock kräftig mit. Vielen Dank dafür! Achim machte sich dann nach einem kleinen Schwatz in meiner Wohnung auf nach Bad Düben.
Ja, nun würden wir alles erst mal etwas sacken lassen ...

Sonntag, 21.6.2010
Endlich schlafen ...

Mario:
Achim und ich gingen erst mal zur Dialyse in der Heimat. Seit Langem wieder mal hatte es mich heute nach der Dialyse so richtig "dahingerafft". Achim ging es wohl ähnlich. Seine Beschwerden sind auch schon etwas besser geworden – dank Diät und Ruhe. Ich glaube, er ging noch nicht heimlich in Bad Düben wandern. So fest habe ich jedenfalls nachmittags lange nicht mehr geschlafen. Daran sah man deutlich, dass die ganze Sache doch ziemlich anstrengend war – ja, auch für mich!

2. Teil der Wanderung
2011

Freitag, 11.3.2011
Der zweite Teil der Wanderung beginnt am 19.3.2011

Mario:
Nach dem notwendigen Abbruch im letzten Jahr waren die Planungen für den zweiten Teil der Wanderung abgeschlossen. Erst jetzt konnten wir die Fortsetzung der Wanderung bekanntgeben, da es sehr große Probleme mit den Dialysebehandlungen in Italien gab, und die Wanderung bis zu diesem Zeitpunkt auf der Kippe stand. Jetzt standen die Dialyse und unsere Quartiere fest. Wir würden während der gesamten Wanderung nur in einer einzigen Dialyseeinrichtung dialysieren. Dazu entschlossen wir uns ziemlich kurzfristig, da es mit einigen anderen eingeplanten Dialyseeinrichtungen Probleme gab. Die Probleme reichten von ungünstigen Dialyseterminen, Verständigungsschwierigkeiten bis hin zur Finanzierung der Behandlungen. All diese Probleme waren nun dank der Dialyse in Vicenza gelöst.

Auch bei den Unterkünften wurde die Planung gegenüber dem Vorjahr geändert. Wir würden nur 2 Unterkünfte in Ferienwohnungen belegen. Dort wollten wir nicht heimlich mit unserer Elektroplatte kochen, sondern würden die vorhandene Küche in Beschlag nehmen. Das freute natürlich einen begnadeten Klopse-Koch wie mich. Ob es Achim auch freuen würde? Na, mal schauen ... Achim war schon wieder ganz heiß vor lauter Vorfreude auf die Wanderung (oder vielleicht auf die Königsberger!?). Ich freute mich, mal wieder ein ordentliches Auto fahren zu können (wenn Achim mich ließe). Bis dahin ...

Samstag, 19.3.2011
Der erste Tag des zweiten Teils der Wanderung

Mario:
Pünktlich (fast) um 5.15 Uhr klingelte mein Telefon. Achim war dran und teilte mir mit, dass er nun von Bad Düben Richtung Chemnitz losfahren würde. Ich rechnete also noch mit ca. 2 Stunden, bis er bei mir sein würde. Und tatsächlich, pünktlich um 7.15 Uhr stand Achim mit seinem Auto vor meiner Haustür. Es konnte also losgehen.

Meine Sachen wurden schnell ins Auto gepackt und dann ging es auch schon eine Viertelstunde später Richtung Italien. Das Auto war übrigens voll bis zur Schmerzgrenze. Keine Ahnung, wie das wieder so kommen konnte. Dabei hatten wir uns doch vorgenommen, diesmal etwas weniger mitzunehmen. Vielleicht lag es ja an den 20 Bechern Quark (ja, Achim brauchte viel Eiweiß), der vielen Milch, den Colaflaschen oder vielleicht auch an den Büchsen Königsberger. Man weiß es nicht ...

Endlich sind wieder Berge in Sicht ...

Achim fuhr den größten Teil der Strecke. Er wollte wohl sein Auto noch etwas vor mir bewahren. Die Fahrt verlief bei schönstem Reisewetter problemlos. Am Brenner hatte es natürlich wieder geschneit.

In Innsbruck / Österreich haben wir auch schnell noch die billigeren Benzinpreise genutzt und waren für 1,32 € Super bleifrei tanken. Da wir in Innsbruck eine Guthaben-Karte für den UMTS-Stick kaufen wollten, stießen wir dort zufällig auf diese günstige Tankstelle. Und zwar nicht, weil wir uns verfahren hatten (wie Achim behauptete), sondern weil ich bewusst diese Straße ins Navi eingab. Die Aufladung des UMTS-Sticks klappte aber leider nicht. Na ja ...

17.30 Uhr kamen wir bei der Verwaltung unserer Unterkunft an. Dort sprach man etwas deutsch und die Formalitäten waren schnell erledigt. Der Verwalter fuhr dann mit seinem Auto vor uns her bis zur Unterkunft. Ich glaube, allein hätten wir die nicht gefunden. Nach dem Ausräumen des Autos und dem Einräumen unserer „bescheidenen“ Vorräte gab es noch ein kärgliches Abendbrot (Wiener Würstchen). Danach wurde der erste Wandertag durchgesprochen und dann ging es auch schon ins Bett – so gegen 23 Uhr.

Sonntag, 20.3.2011

Der erste Wandertag

(Zwanzigster Wandertag, Mattarello – Rovereto / Sacco, 19 Kilometer)

Mario:
Nach dem Aufstehen gegen 7 Uhr gab es erst einmal ein ausgiebiges Frühstück. Zumindest für Achim. Ich hielt ja seit ungefähr 10 Jahren Diät. Das Frühstück machte ich, als Achim vor seiner 18 Kilometer-Wanderung unbedingt heute früh noch die Umgebung unserer Unterkunft erkunden musste – etwa 3 Kilometer zu Fuß. Na ja, nach dem Frühstück fuhr ich Achim in einer Stunde zum Endpunkt des ersten Teils der Wanderung und dem Startpunkt des 2. Teils – nach Mattarello. Um 11 Uhr startete er bei schönstem Sonnenschein.

Da Achim für den heutigen Tag 6 Stunden Wanderung eingeplant hatte, wollte ich zurück in unsere Unterkunft fahren. Wollte ich. Für die Strecke, die normalerweise in 1 Stunde zu schaffen ist, brauchte ich 3 Stunden. Auf der Autobahn und auf der Landstraße stand der Verkehr oder es ging nur schleppend voran. Jedenfalls konnte ich nach 1 Stunde in der Unterkunft schon fast wieder losfahren, um Achim von Sacco bei Rovereto zu holen.

Was mir Achim noch ewig vorhalten würde – ich verfuhr mich gehö-

Start bei Mattarello, der 2. Teil beginnt bei schönstem Sonnenschein

rig und konnte Achim erst 1,5 Stunden später als geplant einsammeln. Grund war das Navi (auch wenn Achim das abstritt). Es kannte nur den Ort Saccone bei Rovereto. Ich landete über tolle Serpentinen in einem Bergdorf. Über Funk konnte ich Achim zwar erreichen, aber kaum verstehen. So dachte ich, ich wäre richtig gefahren. Na ja, was soll ich sagen – es war nicht richtig und nach etwas Durchfragen bei einigen Passanten sammelte ich 1,5 Stunden zu spät ein wartendes, ärgerliches und durchgefrorenes Häufchen Elend namens Joachim wieder ein. ***(Anm. Joachim: Ha, ha, ha, natürlich hätte ich mit Marios Fettpölsterchen wenigstens nicht gefroren!)***

Er tat mir wirklich richtig Leid, zumal er ja auch für eine Übernachtung im Freien nicht wirklich gerüstet war. Zu allem Überfluss landeten wir auf dem Rückweg in mehreren Staus, sodass wir erst gegen 20 Uhr wieder in der Unterkunft waren. Da wir ja am nächsten Tag zeitig zur Dialyse mussten, gab es noch schnell Abendbrot und ab ging es ins Bett.

Joachim:

Eigentlich wollten wir um 7 Uhr aufstehen, aber da ich um 6.30 Uhr schon munter war und mir gern die Gegend um den Gardasee angesehen hätte, ging es frühzeitig nach draußen. Eine dreiviertel Stunde später verließ ich unsere Wohnung. Wie erwartet war der Frühling hier etwas weiter. Das Gras begann schon zu sprießen. Die Forsythien blühten ausgiebig und auf den Wiesen stritten sich die Veilchen und die Gänseblümchen um das bessere Aussehen. Dabei gewannen am Morgen die Veilchen, weil die Gänseblümchen ihre Blüten noch geschlossen hatten.

Im Prospekt war die Entfernung unserer Anlage zum Gardasee mit 150 Metern angegeben. Da die Anlage aber groß war, hatten nur die ganz vorn stehenden Häuser die angegebenen 150 Meter (Luftlinie) zum Gardasee. Unser Haus stand aber fast als Letztes ganz oben. Allein bis zum Tor musste ich ca. 500 Meter laufen. Ein Auto passierte gerade das geöffnete Tor. Ich überlegte schnell mit durchzuschlüpfen. Zum Glück hielt eine innere Stimme oder meine Eingebung mich davon ab. Ich ging zu der neben dem Tor befindlichen Tür und wollte mithilfe eines Extraschlüssels die Anlage verlassen. Neben dem Wohnungsschlüssel hatte ich 2 weitere, einen für die Haustür und einen für die Tür zur Anlage. Vergebens versuchte ich den passenden Schlüssel zu finden. Letztendlich musste ich feststellen, dass es 2 gleiche Schlüssel waren. Bloß gut, dass ich die Anlage nicht mit dem raus fahrenden Auto verlassen hatte. Ich hätte alt ausgesehen beim Versuch, wieder rein zu kommen. Also wieder ca. 500 Meter zurück und Marios Schlüssel geholt. An diesem war noch ein anderer Schlüssel dran. Wahrscheinlich hatte ich die Kinderschlüssel erhalten, mit welchen man zwar Wohnung und Haus verlassen konnte, aber nicht die Anlage. (Anm. Mario: Die werden sich schon was dabei gedacht haben!) *Wieder zum Tor und nach weiteren 500 Metern Weg war ich endlich am Gardasee.*
Eingerahmt von Bergen, welche zum großen Teil noch eine weiße Kuppe trugen, lag er still, ja fast majestätisch vor mir. Dazu kam der herrlichste Sonnenschein. Ich hätte mir ein paar Grad mehr auf dem Thermometer gewünscht. Ich fror sogar etwas an den Händen, war doch eine ganz schöne „Frostbeule“.

Zurück zu Mario, der schon mit einem etwas „spärlich“ gedeckten

Tisch auf mich wartete. Man sah es seinem Bauch nicht an, dass er morgens nur einen Toast aß. (Anm. Mario: Danke, Achim!). *Das war wohl ein Cola-Bauch!? Nachdem ich den Tisch aufgefüllt hatte, konnten wir endlich frühstücken.*
Mit gepacktem Rucksack verließen wir gegen 10 Uhr die Anlage mit dem Auto. Eigentlich hatte ich gar keine richtige Meinung mehr zum heutigen Wandern. Der Besuch des Gardasees heute früh hatte mich doch irgendwie angestrengt. Deshalb überließ ich Mario das Steuer und versuchte, noch etwas zu entspannen (zum Glück gab es hier keine Serpentinen).
Aber es war mir klar, dass es ein harter Tag werden würde. Um 11 Uhr startete ich in Mattarello bei Sonnenschein, aber einem kalten Wind, welcher zum Glück meistens von hinten kam. Einen Kilometer weiter kam ich nicht umhin, mir ein verstecktes Plätzchen in einer

Radfahrer in Liegerädern

Unterführung zu suchen, um mich meiner langen, unteren „Beinkleider" zu entledigen. Trotz des Windes heizte die Sonne so, dass ich in Jeans und Hemd laufen konnte. Meist an der Etsch entlang, doch mit etwas schweren Beinen, versuchte ich die Strecke zu absolvieren. Nach ca. einem Drittel der Strecke, ich fotografierte gerade eine schöne Brücke, kamen mir einige behinderte Radfahrer in ihren Liegerädern vor die Linse. Sie lächelten und winkten. Ich musste mich erst wieder an das italienische „Ciao“ erinnern. Kurz vor Nomi half ich einer jungen Familie mit 3 Kindern, indem ich sie zusammen fotografierte. Als sie mich später überholten, bedankte sich die Frau noch mal mit einem „Salve“. Unwillkürlich musste ich an alte römische Filme denken, in denen der Imperator mit „Salve Caesar“ begrüßt wurde (na ja, ich muss im Wörterbuch mal nachschlagen.) Hinter Nomi versuchte ich den vielen Radfahrern und dem Wind etwas auszuweichen, indem ich durch die Weinberge ging. In Rovereto verließ ich den Radweg, der hier einen Bogen machte, und erreichte endlich gegen 16.45 Uhr mein heutiges Wanderziel – eine Kirche in Sacco.

Nach einer kurzen Besichtigung des sehr schönen Gotteshauses suchte ich mir in der Nähe einen gut einsehbaren Platz an der Straße und hoffte, dass Mario bald um die Ecke gefahren käme. Die Kirchturmuhr schlug 17 Uhr – unsere ausgemachte Zeit. Mit meinem Sprechfunkgerät versuchte ich Mario zu erreichen und er antwortete auch sofort. Hätte ich gewusst, dass ich Mario nur hörte, weil er mindestens 10 Kilometer entfernt, irgendwo oben in den Bergen, rumschwirrte, wäre mein Optimismus rasch verflogen. Um 17.10 Uhr verschwand die Sonne hinter den hohen Bergen und es wurde nach und nach kalt und kälter. Heute Mittag hatte ich fast an ein kurzärmliches Hemd gedacht, jetzt war ich froh, dass sich auf meinen Armen etwas Stoff befand. Ich zog meine beiden Westen an und wartete ... und wartete ... und wartete ...
Es schlug 17.30 Uhr und ich überlegte, ob es hier mitten in der Stadt einen Fleck gab, an dem ich meine langen „Beinkleider“ wieder unterziehen konnte. Hier draußen war zu viel los, mir fiel der Beichtstuhl in der Kirche ein, der einen Vorhang hatte. Na ja, hoffend, dass Mario jeden Augenblick um die Ecke käme, verwarf ich diesen Gedanken. In meinen Hosentaschen plärrten viele italienische Stimmen aus dem Sprechfunkgerät, sodass mich manche Passanten etwas irritiert anschauten. Nur Marios Stimme hörte ich nicht! Wo befand sich Mario??
Langsam machte ich mir Sorgen und die Kälte hatte mittlerweile jeden Teil meines Körpers erreicht. Die Kirchturmuhr schlug sechsmal

und ich versuchte mit schnellen Bewegungen, die Kälte in den Beinen etwas zu mindern – nur mit geringem Erfolg. Endlich – Mario am Sprechfunkgerät. Ob die Kirche am Wasser stünde, wollte er wissen. Wasser? War hier nicht in Sicht. Wo hatte es Mario nur hin verschlagen? Ein Blick auf meine Karte zeigte mir jedoch, dass es in der Nähe eine Kirche an der Etsch geben musste. Und wirklich, wenige Minuten später sah ich endlich Mario und mein Auto. (Anm. Mario: Ich bin mir nicht sicher, über was er sich wohl mehr gefreut hat!) *Schnell ins Warme. Nach einem Stau und etwas Tanken kamen wir gegen 20 Uhr in unserer Anlage an. Nach dem Abendbrot und einer Dusche war um 22 Uhr Schlafenszeit. Und dieser anstrengende und erlebnisreiche Tag war geschafft.*

Montag, 21.3.2011
Die erste Dialyse in Vicenza

Mario:
An diesem Morgen ging es um 5 Uhr aus dem Bett. Obwohl wir am Freitagabend noch überraschend eine E-Mail der Dialyse in Vicenza erhielten, dass wir zur ersten Dialyse nicht wie geplant am Montag, sondern erst am Dienstag kommen sollten, entschlossen wir uns heute schon zur Dialyse zu fahren. Da wir die letzte Dialyse in Deutschland am Freitag hatten, wäre es bis Dienstag zu lang geworden. Unsere Hoffnung war, dass man schon irgendeine Möglichkeit fände, uns am gleichen Tag noch zu dialysieren.

Nach einer Stunde Autobahnfahrt kamen wir im Klinikum Vicenza, ohne uns zu verfahren, an. Achim meinte, das läge daran, dass er gefahren sei. Da wir schon um 7.30 Uhr da waren, war unsere Ansprechpartnerin noch nicht anwesend. Nach sehr langem Zögern *(Anm. Joachim: Mario traute sich nicht)*, versuchte Achim dem dortigen Personal zu erklären, wer wir waren und dass wir eine Dialyse benötigten. Zum Glück fand er einen einigermaßen gut deutsch sprechenden Krankenpfleger.

In der dann folgenden Wartezeit hatten wir Gelegenheit, die im War-

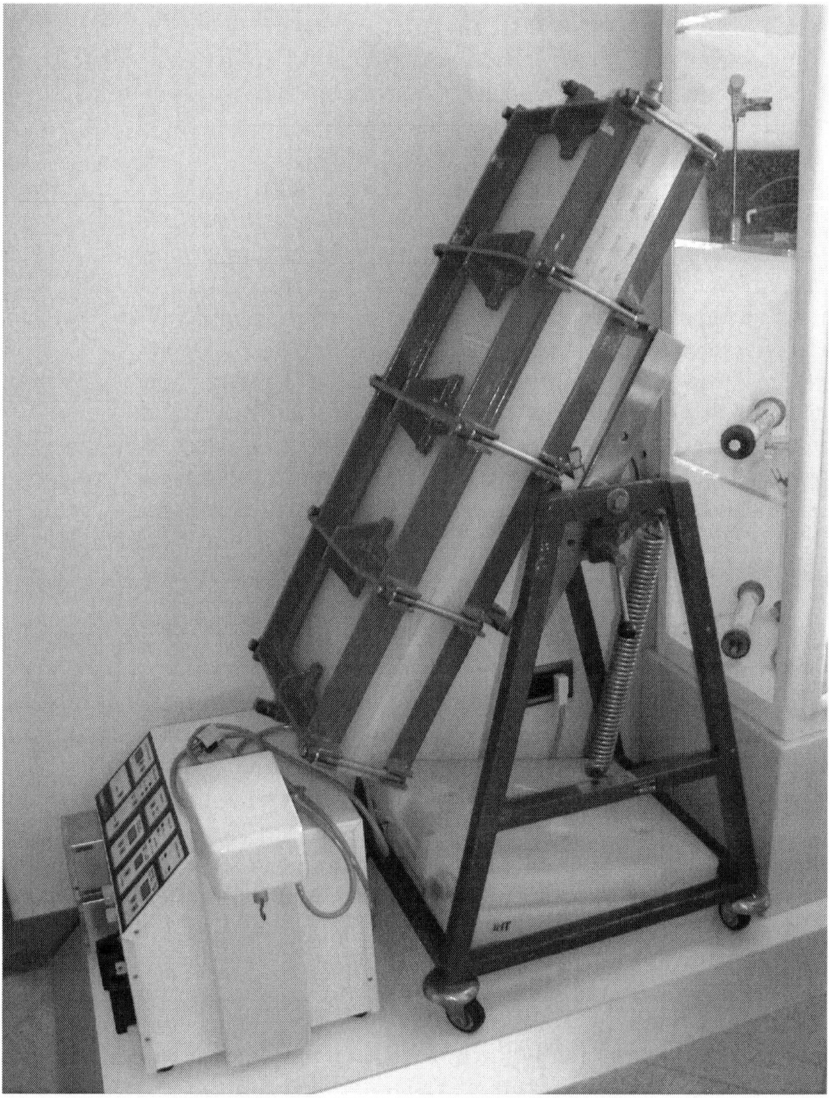

Ein alter und gut erhaltener Plattendialysator im Krankenhaus Vicenza

tebereich präsentierte Sammlung von historischen Dialysegeräten und Dialysezubehör in Augenschein zu nehmen. Besonders begeisterte uns der alte Plattendialysator. Bisher hatten wir so ein Gerät nur auf Bildern gesehen.

Es dauerte eine ganze Weile, bis unsere erwartete Ärztin kam – mit Simon, einem fließend Italienisch sprechenden, deutschen Medizinstudenten, der alles übersetzen sollte. Das war für uns wirklich ein richtiger Glücksfall. Simon übersetzte alles und nach einigem Hin und Her wurde für uns eine Dialyse ermöglicht. Zum Glück, denn wie sich nach der späteren Blutabnahme herausstellte, war das aufgrund des Kaliumwertes nicht ganz unwichtig. Schließlich hätten wir ansonsten 3 volle dialysefreie Tage überstehen müssen. Ob das Achim bei seiner geschätzten Trinkmenge von 20 ml am Tag wohl überstanden hätte? ***(Anm. Joachim: Hier erkenne ich Marios Neid, der den ganzen Tag an der Colaflasche hing.)***

Da Simon auch beim Anschließen an die Maschine dabei war, gab es keine Verständigungsschwierigkeiten und die Dialyse verlief komplikationslos. Ein großes Problem für uns: Während der Dialyse gab es nichts zu essen, erst danach. Das war für uns Vielfraße nicht leicht zu verkraften. Achim hatte natürlich als Notration eine übervoll gefüllte Brotdose dabei. Das nächste Mal würde ich das auch so machen ...

Nach dem Anschließen stellte sich heraus, dass wir die Kosten der Behandlung sofort nach jeder Dialyse in bar bezahlen sollten. Wir haben es Simon und seinem Engagement für uns zu verdanken, dass das geklärt werden konnte. Man ging in der Verwaltung davon aus, dass wir privat versichert waren, und wollte daher unsere europäische Krankenversicherten-Karte nicht akzeptieren. Selbst Simon hatte große Mühe, das der Verwaltung zu erklären. Man hatte letztlich ein Einsehen und rechnete nun direkt die Kosten mit der deutschen Krankenkasse ab. Dafür können wir Simon gar nicht genug danken. Die Vorauszahlung der Kosten wäre ein großes Problem geworden und es war nicht ganz unwahrscheinlich, dass wir dadurch die Wanderung erneut hätten abbrechen müssen.

Simon erklärte uns auch gleich noch, wo und wie wir in Italien an einen UMTS-Stick mit Prepaid-Karte für den Laptop mit einem ausreichend hohen Datenvolumen kämen. Aufgrund dieser Informationen können wir nun auch wieder die täglichen Berichte ins Internet stellen.

Nach der Dialyse fuhren wir noch in das von Simon angegebene Einkaufszentrum, um den Internet-Stick zu kaufen. Das klappte auch relativ problemlos. Danach ging es zurück in unsere Unterkunft, die wir erst gegen 20 Uhr erreichten. Natürlich wurde sofort das Internet getestet. Es funktionierte! Endlich. Also würde es ab dem nächsten Tag wieder tägliche Berichte auf der Homepage geben.

Wir nahmen noch unser Abendbrot ein, und nachdem ich mir eine eisgekühlte Orangenbrause gegönnt hatte, ging es ins Bett.

Dienstag, 22.3.2011
Löwenzahn und Eierkuchen
(Einundzwanzigster Wandertag, Sacco – Ala, 19 Kilometer)

Mario:
Irgendetwas hörte ich in meinen schönsten Träumen. Natürlich, als ich zu mir kam, wurde mir alles klar, Achim war schon aufgestanden und machte sich im Bad zu schaffen. Erst dachte ich, dass ich locker noch eine Stunde liegen bleiben konnte, und versuchte, wieder einzuschlafen. Als das nicht gelang, stand ich dann auch kurz nach 7 Uhr auf. Achim war noch im Bad und ich machte in der Zwischenzeit das Frühstück.

Geplant war der heutige Aufbruch um Punkt 9 Uhr – am Auto. Na ja, wir kamen so um 9.30 Uhr los. Wenn man es genau nahm, hätte ich keinen Cent darauf gewettet, dass es NUR eine halbe Stunde später würde.

Ich fuhr Achim dann zum Startpunkt der heutigen Wanderung, nach Sacco. Diesmal fand ich es auch sofort. Das war wohl der Tatsache geschuldet, dass wir jetzt Internet hatten und uns nochmals informieren konnten, wo Sacco genau lag. An der Kirche begann Achim nach einigen weiteren „kleinen“ Vorbereitungen seine Wanderung.

Da der Funkempfang für das Internet in unserer Unterkunft sehr schwankte, hatte ich den Laptop mitgenommen, um in Sacco zu testen, ob er dort besser funktionierte. Fehlanzeige. Etwas sauer und im Zweifel, ob der Kauf des Internet-Sticks richtig war, fuhr ich in die Unterkunft zurück. Dort testete ich den Stick noch mal und stellte fest, dass es plötzlich viel besser ging. Freudig und in der Hoffnung

Joachim in Sacco

auf eine stabile und lang erwartete Skype-Verbindung nach Hause machte ich mich an die Bearbeitung der Berichte und Bilder der letzten 3 Tage. Diese stellte ich alle auf einmal ins Internet.

Gegen 15 Uhr fuhr ich zum vereinbarten Treffpunkt nach Ala, um Achim dort wieder abzuholen. Diesmal musste ich gefühlte 3 Stunden auf ihn warten. Per Funk hatten wir sofort Kontakt und stellten fest, dass es mit dem ausgemachten Treffpunkt diesmal wohl klappen würde. Nach etwa 30 Minuten kam dann Achim gelaufen. Er sah noch ziemlich fit aus.

Also fuhren wir gleich noch etwas einkaufen. Danach ging es zurück und es wurde beschlossen, Eierkuchen zu essen. Als begnadeter Koch kam natürlich nur ich für diese anspruchsvolle Aufgabe infrage. Na ja, ein Eierkuchen gelang hervorragend, aus den anderen 2 wurde einfach Kaiserschmarrn gemacht. Geschmeckt hat es jedenfalls – auch Achim (hat er wenigstens gesagt). Anschließend wurde noch der Tagesbericht geschrieben, etwas Ordnung in der Wohnung gemacht (ja, Sie lesen richtig!), der Bericht ins Internet gestellt und dann ging es ins Bett.

Joachim:

Heute klappte es schon etwas besser mit den „Morgenangelegenheiten“, sodass wir um 9.30 Uhr in Peschiera starten konnten. Es sollte ein sonniger, ruhiger und ereignisloser, aber schöner Tag werden. 10.15 Uhr begann meine Wanderung an der Kirche in Sacco, was „kalte“ Erinnerungen in mir wach rief. Schnell fand ich den Weg zur Etsch und verließ die Stadt mit den Gerüchen der Kläranlage in der Nase. Ein Sperrwerk der Etsch überquerend, lange Zeit an einem Kanal entlang laufend und den Ort Mori rechts am Hang liegen lassend, erreichte ich bald Serravalle. Den Fluss wieder mal überquerend, streifte ich Chizzola.

Meist durch etwas höher gelegene Weinberge laufend, kam ich bei stärker werdendem Wind an Ala vorbei und traf nach mehr als 19 Kilometern an einem weiteren Sperrwerk auf Mario. Da er schon eher da war, hatte er mich über Sprechfunk hauptsächlich auf entgegenkommende und gut aussehende Fußgängerinnen aufmerksam gemacht. Was die Natur betraf, war erwähnenswert, dass ich öfters blühenden Löwenzahn und kleine Taubnesseln sah, sowie eine Eidechse, welche durch das trockene vorjährige Laub huschte. Probleme bereiteten mir meine Füße. Öfters musste ich wegen Schmerzen im Vorfuß rasten. Aber ich erinnerte mich, dass dies letzten Sommer am Anfang auch so war, und ich war guter Hoffnung, dass diese Probleme wieder nachlassen würden.

Mario rührt hingebungsvoll den Teig für die Eierkuchen an

Ein Lob musste ich Mario noch für den Versuch der Zubereitung von Eierkuchen machen. Da wir nur eine sehr große Pfanne hatten, waren auch die Eierkuchen sehr groß. Mario versuchte, sie in der Luft zu wenden. Einmal gelang es einigermaßen, zweimal mussten wir den Boden wischen (nein, so schlimm war's nicht). Mario musste aber nach den „Wendeversuchen" auf Kaiserschmarrn umschwenken. Na ja, ... (Anm. Mario: Was heißt hier „na ja"? Ich hatte Mühe, etwas abzubekommen!)

Mittwoch, 23.3.2011
Fit wie ein Turnschuh
(Zweiundzwanzigster Wandertag, Ala – Canale, 24 Kilometer)

Mario:
Um 7 Uhr klingelte der Wecker. Im Wohnzimmer hörte ich schon wieder Achim. Ich ging davon aus, dass er gegen 5 Uhr aufgestanden war. Schließlich wollten wir schon um 8.30 Uhr mit dem Auto zu Achims Startpunkt, nach Ala, aufbrechen. Und 3,5 Stunden Vorbereitung konnte dies dauern. ***(Anm. Joachim: Was sagte „Alf" immer: „Ha, ha, ha, ich lach mich tot!")***

Da wir herrliches Wetter hatten, wollte Achim das ausnutzen und heute statt der geplanten 19 gleich 24 Kilometer wandern. Ich konnte nur hoffen, dass er sich nicht übernehmen würde. Da aber später sowieso Routen mit 24 Kilometern geplant waren, sah ich es ein, dass man diese lieber bei schönem als bei schlechtem Wetter wanderte. Dazu kam, dass Achim meine gestrigen Eierkuchen oder auch der Kaiserschmarrn wahrscheinlich so einen Energieschub verpasst hatten, dass er einfach einen verstärkten Bewegungsdrang verspürte.

Es ging relativ pünktlich mit dem Auto los, sodass Achim in Ala gegen 9.10 Uhr seine Tagestour starten konnte. Ich fuhr wieder zurück zur Wohnung und gönnte mir noch 2 Stunden Schlaf. Komisch, bei mir lösten die Eierkuchen keinen verstärkten Bewegungsdrang aus. Ich machte mir mittags endlich einmal Königsberger Klopse (Achim wusste nicht, was er verpasste) und begann meinen Tagesbericht zu schreiben. Dann fuhr ich gegen 16 Uhr wieder los, um Achim aus der Gegend von Zuane abzuholen. Die Abholung verlief problemlos, da ich heute den Treffpunkt auch gleich gefunden hatte. Achim kam etwas geschafft daher, aber in Anbetracht der langen Strecke wirkte er eigentlich noch ganz fit. Für mich war es immer wieder bemerkenswert, wie man nach so vielen Dialysejahren noch solche großen Strecken regelmäßig laufen kann. Hut ab! ***(Anm. Joachim: Danke Mario, brauchst du irgendwas, willst du wieder eine verheiratete Frau oder ein Kloster besuchen? Du darfst auch mein Auto benutzen!)***

Was mir bei unseren Autofahrten auffiel: Vor allem auf Landstraßen, und wenn ich fuhr (bei Achim kaum), meldete sich eine junge Dame aus dem Navi mit dem Hinweis „Bitte achten sie auf ihre Geschwindigkeit!" Nach 5 Tagen in Italien musste die Frau im Navi doch auch mal mitbekommen haben, dass es in Italien keine Geschwindigkeitsbegrenzungen gab! Hier wurde gefahren, so schnell es ging und man eben konnte. Wer langsam fuhr, hatte verloren, wer zögerte, hatte verloren, wer anhielt sowieso und geblinkt wurde schon mal gar nicht. Na ja, die „Navifrau" hatte ja noch einige Tage Zeit zum Lernen ...

Zurück in der Unterkunft machten wir uns an das Schreiben des Tagesberichtes, es gab noch etwas Abendbrot und dann gingen wir schlafen. Der Wecker wurde auf 5 Uhr gestellt, da wir schon um 6 Uhr zur Dialyse losfahren mussten. Man wollte, dass wir wegen unserer 5 Stunden Dialyse schon um 7.30 Uhr angeschlossen würden. In Italien wurde in der Regel nur eine 4-stündige Dialyse angesetzt. Wir waren aber froh, dass man uns die 5 Stunden ermöglichte.

Joachim:
Nach über 8 Stunden angenehmen Schlaf war für mich heute um 6.20 Uhr die Nacht vorbei. Das hatte zur Folge, dass ich schon um 9.15 Uhr am gestrigen Endpunkt, dem Stauwerk bei Ala, meine Wanderung fortsetzen konnte. Da es wieder herrlichen Sonnenschein und Temperaturen bis 20 Grad gab, beschloss ich, nicht nur die geplanten 19 Kilometer, sondern einige mehr zu laufen. Bei Regenwetter würde dann die Möglichkeit bestehen, die Etappen etwas zu kürzen. Nach reichlichen 2 Kilometern durchlief ich den kleinen Ort Vo Destro, welcher einen schönen Brunnen mit herrlich kaltem Wasser beherbergte. Natürlich gönnte ich mir einige Schlucke – es war, wie so oft, äußerst schmackhaft! Ein älterer Mann grüßte mich und wünschte mir noch einen guten Weg – Buon Cammino. Hier machte sich mein Spanischkurs an der Volkshochschule bezahlt. Italienisch und Spanisch sind sprachverwandt. (Anm. Mario: Und wieso brauchten wir dann an der Dialyse einen Dolmetscher?)

Immer an der Autobahn entlang endete plötzlich nach 8 Kilometern nicht nur der Radweg, sondern auch Trentino. Ich kam in die Provinz Venetien. Ab Borghetto lief ich jetzt 16 Kilometer immer nur am Rand einer leicht befahrenen Straße. Da es viele Leitplanken gab, und oft auch die Berge bis an die Straße heran rückten, musste ich sehr aufpassen. Hinter Brentino-Belluno war ich vor einer nicht einsehbaren

Start der Tagestour nahe am Stauwerk bei Ala

Linkskurve gerade wieder mal auf die rechte Seite gewechselt, als eine halbe Minute später 4 dicht aufeinander folgende LKW um die Kurve gerast kamen. Ich hätte keine Möglichkeit gehabt, auszuweichen. Einer hätte mich erwischt. Glück gehabt bzw. gut mitgedacht.

Um der mobilen Gefahr etwas auszuweichen, versuchte ich, auf einen Wartungsweg eines in der Nähe befindlichen Kanals zu laufen. Leider verschwand der Kanal ca. 300 Meter weiter im Fels. Etwa 3 Kilometer vor Canale, meinem Ziel, besuchte ich noch die Jesus Della Strada-Kapelle. Am Anfang von Canale, genau dort, wo mich Mario gegen 17.30 Uhr auflas, begann wieder der neu gebaute Radweg nach Verona. Das gab mir Hoffnung auf eine weniger gefährliche Wanderung am Freitag.
Kurz noch etwas zur Pflanzenwelt: Die Kirschbäume fingen jetzt an zu blühen.

Donnerstag, 24.3.2011
Dialysezeit ist Lebenszeit?

Mario:
Da heute wieder Dialyse angesagt war, wurde es ein relativ ruhiger Tag. Um 4.30 Uhr standen wir auf (ich um 5 Uhr), da wir pünktlich um 6 Uhr Richtung Vicenza losfahren wollten. Die Fahrzeit betrug genau 1 Stunde. Die Dialyse begann um 7.30 Uhr. Pünktlich war auch Simon wieder da, was uns natürlich sehr freute, da doch die eine oder andere Kleinigkeit bei der Maschineneinstellung zu klären war.

Die Dialyse verlief problemlos, wenn man mal von dem kurzzeitigen Wadenkrampf 1,5 Stunden vor dem Abschließen absah. Zumindest wussten wir jetzt, was Krampf auf Italienisch hieß: „Crampo".
Leider war Simon heute den letzten Tag da, sodass wir uns nach dem Abschließen bei ihm verabschieden mussten. Wir bedanken uns an dieser Stelle noch einmal und sind uns ganz sicher, dass Simon einmal ein sehr guter Arzt wird, auf den sich die Patienten verlassen können und der für alle Probleme ein offenes Ohr haben wird – eben wie sich ein Patient einen guten Arzt wünscht.

Von Simon erfuhren wir auch, wie die Transplantation in Italien organisiert war. So konnten in einem Krankenhaus entnommene Nieren von Verstorbenen in erster Linie für eigene Patienten genutzt werden und würden dann erst in der Region angeboten, bevor sie landesweit zur Verfügung gestellt wurden. Einem Länderverbund wie Eurotransplant ist Italien nicht angeschlossen. Ein neuer Trend schien hier zu sein, dass man älteren Empfängern gleich 2 Nieren älterer Spender transplantiert. Vergleichbar mit unserem „old for old-Programm", nur dass beide Nieren dem Empfänger transplantiert wurden. Damit schien man ganz gute Ergebnisse zu erzielen. Die Wartezeiten auf ein Nierentransplantat schwankten auch in Italien ziemlich stark, sodass die Schwester nur eine grobe Schätzung von 4 bis 5 Jahren abgeben konnte.

Üblicherweise wurden Dialysepatienten hier nur 4 Stunden bei sehr hohen Blutflüssen dialysiert. Mit unseren 5 Stunden und knapp 300 ml Blutfluss waren wir hier eigentlich Exoten. Man war der Meinung, dass sich bei längeren Dialysezeiten die Filter nach und nach zusetzten und dass dies zu einer Minderung der Dialyseeffektivität führte, welche eine längere Dialysedauer mehr oder weniger sinnlos machte. Achim, der zu Hause 7 Stunden dialysierte und kaum Phosphatbinder sowie Erytropoetin benötigte, war eigentlich ein gutes Beispiel, welches diese Theorie widerlegte. Der immer wieder von deutschen Ärzten zu hörende Spruch „Dialysezeit ist Lebenszeit", schien in Italien nicht zu gelten. Allerdings konnte oder wollte man uns nichts über die Lebenserwartung italienischer Patienten sagen. Jedenfalls sah man daran wieder, wie unterschiedlich doch die Meinungen in der Medizin sein konnten und wie extrem sie sich teilweise voneinander unterschieden.

Kartoffelbrei mit gebratenen Wiener Würstchen – köstlich!

Nach einer weiteren Stunde Heimfahrt, auf der wir beschlossen, später gebratene Wiener Würstchen mit Kartoffelbrei zu essen, wurde erst mal noch etwas geschlafen. Danach gab es leckeren Kartoffelbrei – natürlich von einem Spezialist für Kartoffelbrei professionell zubereitet. Kartoffelbrei muss man wenigstens nicht in der Pfanne wenden! Wenn ich jetzt noch schreibe, dass wir wegen des Kaliums die

Kartoffeln klein geschnitten in heißem Wasser gewässert haben, wird unsere liebe Ernährungsberaterin Diana sicher stolz auf uns sein. Ja Diana, wie du siehst, trägt deine Arbeit langsam, aber sicher Früchte.

Achim hatte die kleinsten Kartoffeln aus Deutschland mitgebracht, die man wohl finden konnte (wenn man sehr lange suchte) – was sollte es, wo ich doch so gern Kartoffeln schälte.
Es wurde noch der Bericht geschrieben und dann ging es zeitig ins Bett – so gegen 22 Uhr.

Freitag, 25.3.2011

Begegnung in den Bergen

(Dreiundzwanzigster Wandertag, Canale – Bussolengo, 19 Kilometer)

Mario:
Um 7 Uhr aufstehen, ein gemütlicher Tag schien zu beginnen. Achim war wohl geschätzte 3 Stunden früher auf. Jedenfalls war das Frühstück mit Frühstücksei schon fertig, als ich aus dem Bad kam. Nach dem gemütlichen Frühstück fuhr ich Achim gegen 8.30 Uhr zum heutigen Startpunkt, nach Canale.
Dort startete Achim gegen 9.15 Uhr seine heutige Tagestour.

Ich erfüllte meine Tagesaufgabe und arbeitete in einem Supermarkt meine Einkaufsliste ab. Eigentlich wollte ich ins Sea Life, welches nur ca. 2 Kilometer von unserer Unterkunft entfernt war. Aber nein, gerade freitags und samstags war im März geschlossen. Mal schauen, ob es am Montag klappen würde. Sonntags sollte man hier überhaupt nicht groß mit dem Auto herumfahren, da dann auf den Straßen die Hölle los war. Wahrscheinlich fuhr dann halb Italien an den Gardasee, um hier mal einen Tag zu verbringen. Deshalb ging es erst Montag ins Sea Life. Ich fuhr also zurück in die Unterkunft und „schob eine ruhige Kugel".

Dann fuhr ich 15 Uhr Richtung Bussolengo, um Achim abzuholen. Pünktlich um 15.30 Uhr war ich am vereinbarten Treffpunkt vor dem dortigen Klinikum. Etwa eine halbe Stunde versuchte ich Achim per Funk zu erreichen, jedoch erfolglos. Plötzlich meldete er sich und erschien schon 5 Minuten später am Auto. Noch völlig aufgelöst erzählte er mir von seiner „unvergesslichen“ Begegnung mit einer hübschen Italienerin. Eine Traumfrau, wie er sagte. Am liebsten wäre er noch mal an die Stelle zurückgefahren, um sie wiederzusehen, da er vergessen hatte, seine Telefonnummer zu hinterlassen. Das war wirklich schade, denn sicher hätte sie mal bei Achim angerufen – nachdem sie an der Volkshochschule Deutsch gelernt hätte.

Meinem großen Herzen sei Dank, fuhren wir tatsächlich nochmals in diesen Ort. Es war schon etwas enttäuschend und völlig unverständlich, dass diese Traumfrau etwa 5 Stunden später nicht mehr an der gleichen Stelle stand! *(Anm. Joachim: Es war einen Versuch wert!)*
Nach diesem frustrierenden Erlebnis ging es zurück zu unserer Unterkunft, nicht ohne unterwegs einige Ansichtskarten zu kaufen. In der Unterkunft gegen 18 Uhr angekommen, begannen wir sofort mit dem Schreiben der Berichte. Am nächsten Tag wollten wir wieder um 5 Uhr aufstehen und zur Dialyse nach Vicenza fahren; so ging auch an diesem Abend das Licht um 22 Uhr aus.

Joachim:
In meinem Bericht musste ich zuerst den gestrigen Abend erwähnen. Mario hatte ja ganz köstlichen Kartoffelbrei und gebratene Wiener Würstchen zum Abendbrot gemacht. Ich aß davon so viel, dass es mir danach schlecht wurde und ich einen Verdauungsspaziergang machen musste. (Anm. Mario: Ich kann Achim verstehen, dass er meinem Essen kaum widerstehen konnte!)

Nun zum Tagesverlauf: Nachdem um 6.30 Uhr Aufstehen und Frühstück zubereiten angesagt waren (machte ich seit ein paar Tagen freiwillig, damit der Morgenmuffel Mario seinen Schlaf bekam), starteten wir gegen 8.30 Uhr. Um 9 Uhr begann meine Wanderung von Canale endlich wieder auf einem ordentlichen, da sehr neuen Radweg. Dieser führte mich nach ca. einem Kilometer immer weiter aufwärts. Das sollte die letzte bergige Etappe sein. Erwähnenswert sind die vielen Eidechsen in den Bergen um Rivoli-Veronese. Aller paar Schritte raschelte es im trockenen Laub, wobei man aber nur selten die flinken Gesellen zu sehen bekam. Ein großer brauner, fliegender Grashüpfer streifte fast meinen Kopf. Auch die ersten Schmetterlinge waren zu sehen.

Ein schönes altes Castell fesselte meine Aufmerksamkeit beim Erreichen von Rivoli-Veronese. Am Ende des Ortes machte ich an einer

Schuhgröße 48?

privaten Sitzgruppe Rast. Als ich meinen Weg fortsetzte und an dem Haus um die Ecke bog, sah ich plötzlich eine sehr hübsche Frau mit langen schwarzen Haaren, vielleicht knapp in meinem Alter. Sie kauerte arbeitend am Boden und lächelte mich nach einer gegenseitigen Begrüßung so an, dass es mir durch Mark und Bein ging. Nachdem ich mal kurz nach dem Weg gesehen hatte, trafen sich wieder unsere Blicke und ihr tolles Lächeln war immer noch da. Tja, nun hätte ich eigentlich schalten müssen (sag ich mir im Nachhinein), aber ich war erst mal so gefangen von diesem Lächeln, dass ich einfach weiter lief und dankbar für das Erlebnis war.

Dieses Lächeln sollte mich den ganzen Tag begleiten und meinen

Gang beflügeln. Selbst meine immer wieder auftretenden Fußschmerzen wurden nebensächlich. Was das Lächeln einer Frau doch alles anrichten kann! Noch ein ganzes Stück lief ich aufwärts und immer wieder boten sich Bilderbuch reife Ausblicke. Schade, dass es etwas trüb war. Nach über 100 Höhenmetern abwärts erreichte ich mit dem Mittagsläuten der Kirche von Gaium den Kanal, welcher gerade vom Berg freigegeben wurde. 11 Kilometer folgte ich ihm, an Sega vorbei bis nach Bussolengo, ohne nennenswerte Ereignisse.

Nach ca. 1 Kilometer durchstreifte ich Bussolengo, bis ich Mario am Hospital traf. Da er noch keinen Laden für Ansichtskarten gefunden hatte, sah ich eine Möglichkeit, ihm die schönen Aussichten und Ansichten von Rivoli-Veronese näher zu bringen. Da wir schon mal dort waren, fuhr ich natürlich noch mal zu dem bestimmten Haus. Leider erfolglos, aber das war mir dieses Lächeln wert. Da ich nicht mit leeren Händen zu Mario zurückkommen wollte, habe ich in Rivoli noch Ansichtskarten gekauft, welche aber vergilbt und staubig waren. Mario schrieb leider nichts auf diese schönen antiken Karten. Er wollte sie als „Antiquitäten“ bei Ebay verkaufen. (Anm. Mario: Bin mir nicht sicher, ob bei Ebay Artikel aus dem 17. Jahrhundert eingestellt werden dürfen.) *Da mein Reisegefährte mit nichts zufrieden war, machte ich mich in Peschiera noch mal auf die Socken und besorgte neue Karten.*

Samstag, 26.3.2011
Tutti paletti ...

Mario:
Wie immer, wenn wir zur Dialyse in Vicenza mussten, standen wir frühzeitig auf. Nach dem Frühstück starteten wir pünktlich um 6 Uhr. An diesem Samstagmorgen war die Autobahn tatsächlich nur wenig befahren. Man sah kaum LKW, welche an Wochentagen sonst die komplette Rechtsspur belegten. So kamen wir nach genau einer Stunde wohlbehalten an der Dialyse an. Mittlerweile kannte uns der Pförtner (oder er verstand uns langsam), jedenfalls winkte er uns problemlos mit dem Auto durch, sodass wir direkt vor dem Dialysezen-

trum parken konnten. Für einen Lauffaulen wie mich und bei dem riesigen Krankenhausgelände nicht ganz unwichtig – gerade nach der Dialyse.
Nach einer halben Stunde Wartezeit (wir nahmen uns vor, das nächste Mal eine Viertelstunde später losfahren) wurden wir angeschlossen. Heute hatte ich schon wieder gekrampft, sodass ich vermutete, dass die Bettwaage eventuell eine Differenz zur Heimatwaage hatte. Deshalb nahm ich mir vor, die Ärztin das nächste Mal davon zu überzeugen, mein Sollgewicht ein halbes Kilo höher zu setzen. Vielleicht würde das ja etwas bringen ...

Da Simon nicht mehr da war, mussten wir selbst sehen, wie wir uns verständlich machten.

Achim versuchte es heute auf seine eigene Weise. (Später erklärte er mir, dass er zu Hause die Frage nach dem Wohlbefinden bei der Dialyse öfters mit „Alles tutti paletti" beantwortete. Seiner Meinung nach klang das doch sehr Italienisch ...) Als die Doktorin ihn fragend ansah, antwortete er deshalb auch mal mit „Tutti paletti". Etwas irritiert schaute sie ihn kurz an, sodass Achim schnell noch ein „Okay" nachschob. Dies verstand die Doktorin, denn sie lächelte und kam zu mir. Jetzt tat Achim das, was er hätte vorher tun müssen, er schaute ins Wörterbuch.
Das Wort „Paletti" fand sich dort jedenfalls nicht. Es gibt nur „Paletta" (kleine Schaukel) oder „Paletto" (Pflock). Vielleicht hat die Ärztin ja gedacht, Achim wünschte sich eine ganz kleine Schaukel? Man weiß es nicht und Achim würde weiter lernen müssen. Ich versuchte gar nicht erst, Italienisch zu lernen, sondern hoffte, mit meinem Englisch durchzukommen. Allerdings auch mit mäßigem Erfolg.

Nach einem Kaffee aus dem Automaten für 35 Cent (geschätzte 2 Schlucke) und dem Runterwürgen des trockenen Brötchens, welches wir nach jeder Dialyse bekamen, ging es zurück Richtung Peschiera. In der Wohnung gegen 15 Uhr wieder angekommen, wurde noch etwas Schlaf nachgeholt. Danach gab es Abendbrot und dann ging es wieder mal zeitig ins Bett.

Da wir heute keine anderen Fotos gemacht haben, setzten wir einige Bilder unserer Unterkunft ins Internet. Die Wohnung bestand aus 2

Schlafzimmern (ziemlich klein), einem Bad mit Dusche und einem Bereich zum Wohnen mit Küche und riesigem Kühlschrank – den wir natürlich voll belegt hatten. Es gehörte auch ein schöner Balkon mit Blick auf den Gardasee dazu, nur leider hatten wir darauf erst gegen 16 Uhr Sonne, sodass man sich nicht raus setzen konnte, weil es im Schatten einfach noch zu kalt war.

Sonntag, 27.3.2011
2 Frühaufsteher?
(Vierundzwanzigster Wandertag, Bussolengo – Verona - San Martino / Buon, 23 Kilometer)

Mario:
Da Achim eine Wanderzeit von 8 bis 9 Stunden eingeplant hatte, standen wir an diesem Tag bereits um 6 Uhr auf. Nach dem Frühstück ging es pünktlich um 7.30 Uhr mit dem Auto nach Bussolengo, dem heutigen Startpunkt der Wanderung. Wie geplant, konnte sich Achim von dort um 8 Uhr auf den Weg machen. Auch hier in Italien war heute Zeitumstellung. Wir hatten aber beschlossen, für den Wandertag die alte Zeit beizubehalten und unsere Uhren erst abends umzustellen. Das war für uns einfacher. Wir hatten keine Abstimmungsprobleme und konnten an den geplanten Zeiten festhalten.

Ich fuhr nach dem Aussetzen von Achim zurück nach Peschiera und holte noch etwas Schlaf nach. Da zum Sonntag hier wieder Chaos auf den Straßen herrschte, getraute ich mich nicht raus zu gehen. Deshalb hieß es für mich, die Wohnung mal etwas sauber zu machen, einige T-Shirts zu waschen, Karten zu schreiben, aufzuwischen – eben alles, was eine gute Hausfrau so macht. *(Anm. Joachim: Auch ich muss ihn loben. Besonders beim Warmmachen der Königsberger Klopse aus der Büchse ist Mario unübertroffen!)*

Gegen 16.30 Uhr fuhr ich los, um Achim am Endpunkt der heutigen Wanderung in San Martino / Buon Albergo wieder abzuholen. Pünktlich war ich am vereinbarten Treffpunkt. Da ich dort nicht parken konnte, musste mir Achim noch einige Meter hinterher laufen. Etwas wütend, weil er schon 1,5 Stunden auf mich wartete und durchgefroren war, kam er am Auto an. Schließlich konnte ich nicht ahnen, dass er bei diesem schönen Wanderwetter so schnell unterwegs war, und musste mich an die vereinbarten Zeiten halten.

Da Achims Handy mit der Prepaidkarte eines bekannten Lebensmitteldiscounters im Ausland nicht zu funktionieren schien, konnte er mich über seine vorzeitige Ankunft am Zielort nicht informieren. Auch Funkgeräte erreichten nicht so eine hohe Reichweite. Also nahmen wir uns vor, am Dienstag nach der Dialyse noch mal in das Einkaufszentrum nach Vicenza zu fahren (wo wir den Internet-Stick gekauft hatten), und versuchten noch eine Prepaid-Karte für Achims Handy zu bekommen. In Italien war das leider für Ausländer nicht ganz so einfach, da hier für eine Prepaid-Karte eine italienische Adresse und eine italienische Steuernummer verlangt wurden. In diesem Einkaufszentrum schien man das aber lockerer zu sehen. Wie wir erfahren hatten, gab es keine zentrale Datenbank für italienische Steuernummern, sodass man diese Steuernummer auch selbst gene-

Marios Handtuch

rieren konnte. Genau das schien das Einkaufszentrum auch für uns zu machen und stellte damit wohl eine sehr kundenfreundliche Ausnahme in Italien dar.

Zurück in der Unterkunft wurde der Bericht geschrieben, Abendbrot gegessen, die Uhren noch umgestellt, die weitere Wanderung geplant und dann ging's ins Bett.

Joachim:
Da heute wieder mal eine größere Strecke geplant war, klingelte mein Wecker um 5.45 Uhr. Kurz vorher war ich schon munter, sodass ich keine Probleme mit dem Aufstehen hatte. Größere Schwierigkeiten hatte da schon Mario, als er sich eine halbe Stunde später mit verquollenen Augen aus den Federn quälte. Ein Frühaufsteher würde Mario wohl nie werden, auch wenn er durch sein Handtuch mit dem Aufdruck „Frühaufsteher" gern diesen Eindruck erwecken wollte.

Kurz vor 8 Uhr setzte ich meine Wanderung vor dem Krankenhaus von Bussolengo fort. Einige Zeit benötigte ich noch, um den Weg aus dem Ort zu finden. Wobei ich zunächst etwas verwundert ca. 1 Kilometer an einem leeren Kanal entlang lief, bevor der Weg zum fast parallel verlaufenden, größeren und vollen Kanal abzweigte.

An diesem Sonntag war viel Betrieb auf dem Radweg. Viele Männlein und Weiblein waren hauptsächlich als Jogger und Radfahrer allein, zu zweit oder auch in Gruppen bis zu 20 Personen unterwegs. Überwog früh die „reifere Garde", also ab 45, so drehte sich gegen Mittag, als ich Verona erreichte, das Verhältnis um. Dort gab es an der Etsch entlang eine zweispurige breite Straße nur für Radfahrer und Fußgänger, welche sehr rege genutzt wurde. Am unteren Ende des Bogens der Etsch in Verona befand sich eine ausgebaute Brücke, die einer Festung glich, die Ponte Scaligero. Hier überquerte ich den Fluss und erreichte über die Via Roma die Piazza Bra mit der Arena. Da ich nicht wusste, welche Probleme noch vor mir lagen und Mario mir eingeschärft hatte, dass ich mich nicht mit Besichtigungen aufhalten sollte (ich höre ja immer auf Mario!), verließ ich alsbald wieder dieses Highlight von Verona. Nach weiteren 20 Minuten überquerte ich letztmalig die Etsch und sagte ihr an der Ponte Nuovo „Lebewohl". Nach einer Woche trennten sich nun unsere Wege.
Auf beinahe gefährlichen Fußwegen verließ ich nach einer Stunde die

Joachim in Verona angekommen

Stadt. Verona endete am Vorort San Michele und dort endete auch der Fußweg komplett. Es schloss sich sofort ein weiträumiger zweispuriger Kreisverkehr an, welcher sich nicht umgehen ließ. Sind Sie schon mal zu Fuß in so einem Kreisverkehr unterwegs gewesen, wo sich rechts und links noch Leitplanken befanden? Das war kein gutes Gefühl und ich war froh, als ich ihn wieder verlassen konnte. Vor San Martino gab es dann doch mehrere Versuche eines Fußweges, welche aber immer wieder kurz darauf endeten.

Bei 20 Grad und bedeckten Himmel war ideales Wanderwetter. Auch meinen Füßen ging es einigermaßen gut. Deshalb kam ich schon gegen 15.30 Uhr, also 1,5 Stunden früher als geplant, am Treffpunkt in San Martino an. Mario erreichte ich nicht, da meine Prepaid-Karte im Handy in Italien versagte.

Um 17 Uhr stieg ich, wieder mal durchgefroren und etwas sauer, endlich ins Auto. Das konnte so nicht weitergehen. Am kommenden Dienstag wollten wir deshalb den Versuch starten, eine neue italienische Handykarte zu kaufen. Mal sehen, ob die Italiener uns eine verkaufen würden. Erwähnenswert waren noch die Tulpenbäume, welche in voller Blüte standen, sowie weiße Wiesen voller Gänse-

blümchen. Den ganzen Tag lagen, oft auch an der Straße, blumige und angenehme Düfte in der Luft – eben Frühlingsdüfte.

Montag, 28.3.2011

Wanderwege für Lebensmüde
(Fünfundzwanzigster Wandertag, San Martino - Monteforte, 18+1-3 = 16 Kilometer)

Mario:
Heute wurde um 7.30 Uhr aufgestanden. Da gestern Abend die Uhren umgestellt wurden, bedeutete das für uns eine Stunde weniger schlafen. Nach dem Frühstück ging es gegen 9 Uhr Richtung San Martino. Dort startete Achim zu seiner geplanten 16 Kilometer-Tour. Ich fuhr zurück nach Peschiera, ins Sea Life. Das hatte ich mir ja vorgenommen. Das Sea Life befand sich nur ca. 2 Kilometer von unserer Unterkunft entfernt.

Quallen im Sea Life

Am Parkplatz wurde ich gleich mal die ersten 3 Euro Parkgebühren los. Der Eintritt für einen Erwachsenen schlug mit15 Euro zu Buche. Mit meinen bescheidenen Englischkenntnissen und meinem Schwerbehindertenausweis konnte ich den Kassierer jedoch überzeugen, mich zum ermäßigten Preis von 9,50 Euro rein zu lassen. Tja, was soll ich sagen, es hat sich wirklich gelohnt. Was man hier zu sehen bekam, war wirklich jeden Euro wert, zumindest für jemanden, der sich für die Unterwasserwelt interessiert. Ob Wassertunnel, die Haie, die Seepferdchen oder die vielen verschiedenen Quallenarten, alles war sehr schön und teilweise spektakulär präsentiert. Für den Rundgang durch das etwa 3500 Quadratmeter große Gebäude brauchte ich fast 2 Stunden.

Danach erfüllte ich wieder meine Tagesaufgabe – einkaufen gehen. Als ich in der Unterkunft ankam, wurde es eigentlich schon fast Zeit, um Achim abzuholen. Ich machte mir schnell noch etwas zu essen und dann ging's wieder mit dem Auto los nach Monteforte. 15.30 Uhr war für die Abholung ausgemacht. Als ich ankam, sah ich alles Mögliche – nur keinen Achim. Also schickte ich ihm eine SMS und machte es mir im Auto bequem. Nach einer halben Stunde hörte ich Achims völlig unverständliche Stimme im Funkgerät. Er musste schon irgendwo in der Nähe sein. Allerdings wurde seine Stimme im Funkgerät nicht deutlicher. Daraufhin entschloss ich mich, in alle 4 Himmelsrichtungen an den jeweiligen Ortseingang zu fahren und zu versuchen, auf diese Weise Achim deutlicher über Funk zu hören. Das klappte auch relativ schnell. Er sagte mir den Straßennamen mit seiner Position durch, ich gab sie ins Navi ein. Keine 3 Minuten später hatte ich Achim eingesammelt. Er war höchstens 1 Kilometer von unserem Treffpunkt entfernt. Wahrscheinlich war die Reichweite durch die dichte Bebauung dieses Ortes extrem schlecht.

Na ja, Achim hatte es heute richtig satt. Er musste auf stark befahrenen Straßen laufen, da es hier kaum noch Fußwege gab, was sich bei dem italienischen Fahrstil nicht so prickelnd gestaltete. Wie er behauptete, entging er heute mehrmals nur knapp einem Überrollen durch Autos.
Zurück in der Unterkunft brauchte Achim erst mal etwas Ruhe, er wollte aber noch seinen Bericht schreiben. Dann war es auch schon Zeit zum Schlafen ... am nächsten Tag war wieder Dialyse angesagt. Um 5 Uhr aufstehen – toll ...

Joachim:

Um 7 Uhr versuchte ich mit etwas schweren Gliedern in Gang zu kommen. Gestern Abend war mein Blutdruck 160/85. Vom Doktor hatte ich ein neues Präparat gegen zu hohen Blutdruck erhalten. Erstmalig nahm ich gestern Abend davon eine Tablette. Beim Messen heute früh war der Blutdruck stark abgesunken - auf 108/65. Gerade in der Frühe ist mein Blutdruck aber etwas höher und normalisiert sich später. Na ja, mir war klar, dass es mit dem niedrigen Blutdruck ein schwerer Tag werden würde.

Um 9.30 Uhr setzte mich Mario in San Martino ab. Gestern hatte ich mir gründlich den Weg auf den Karten angesehen. Den nächstliegenden Ort hatte ich mir eigentlich gemerkt – dachte ich. Leider gab

Joachim auf gefährlichen Wegen ...

es einen ähnlich klingenden Ort in der Nähe und ich merkte erst am Ortsrand, dass ich falsch gelaufen war. Mit Hilfe Einheimischer fand ich dann den richtigen Weg.

Es fing an, leicht zu regnen und bald darauf warf ich mir meinen Regenumhang über. Die nächsten 7 Kilometer waren sehr anstrengend. Ich musste auf einer schmalen Straße laufen, auf der gerade 2

Autos nebeneinander Platz hatten. Als großes Glück konnte man es schon bezeichnen, wenn es in den Ortschaften ab und zu wenigstens den Ansatz eines Fußweges gab. Außerhalb war ich auf meine Augen, mein Gehör und meine Reaktionsschnelligkeit angewiesen. Obwohl es eine kleine Straße war, hat manche Bundesstraße bei uns nicht diesen Verkehr. Kamen Autos von vorn, blieb ich stehen und vergewisserte mich erst, ob eventuell von hinten Fahrzeuge zu sehen waren. Da das meist der Fall war, trat ich freiwillig zur Seite. Aber auch hier gab es nicht viel Platz, sodass ich mich entweder an eine Mauer oder die Leitplanken drücken musste bzw. oft halb im Graben stand. An ein richtiges Laufen oder Wandern war gar nicht zu denken. Dazu kam, dass es so gut wie keine brauchbaren Hinweisschilder gab. Oft stand ich im Regen an einer Kreuzung am Straßenrand und versuchte, auf meiner Karte den Standort und den Weg zu erahnen. Außerdem gab es keine Ortsausgangsschilder und keine Angaben, welcher Ort als nächster folgt. Ich brauchte unbedingt bessere Karten, meine Radwegekarte im Maßstab 1:75 000 war zu ungenau. Schon auf der Rückfahrt ging ich dann in Peschiera in einen Laden – aber nichts, keine brauchbaren Karten!

Um nach Colognola zu gelangen, musste ich über 100 Höhenmeter aufsteigen. Zum Glück gab es einen Fußweg neben der Straße - darauf eine Anleitungstafel zur körperlichen Ertüchtigung mit einfachen Sportgeräten. Vom Regen ganz abgesehen, stand aber mein Sinn nicht nach weiteren Anstrengungen. Der niedrige Blutdruck machte den Aufstieg zu einer absoluten Herausforderung. Fast oben angekommen teilte sich die Straße. Ich versuchte eine ältere Frau, welche gerade aus der Kirche kam, nach dem richtigen Weg zu fragen. Sie konnte mir wegen der Sprachprobleme eigentlich nicht weiterhelfen, aber sie bot mir eine Mitfahrgelegenheit in ihrem Auto an. Zuerst lehnte ich strikt ab. Dann überlegte ich mir, dass schon einige Zeit mit dem vielen Verkehr und der Wegsuche verloren gegangen war. Und Mario wollte ich nicht zu lange warten lassen. Deshalb nahm ich das Angebot der Frau an. Im Regenponcho, den Rucksack auf dem Rücken lassend, zwängte ich mich auf den Beifahrersitz. Dadurch wurde das Anschnallen etwas schwierig. Aber die Frau bestand darauf, worüber ich im Nachhinein ganz glücklich war. Denn die Frau, mindestens 65 Jahre alt, stellte sich als eine rasante Fahrerin heraus. Sie schnitt dabei prinzipiell jede Kurve, auch die nicht einsehbaren.

Ich versuchte mich irgendwo festzuhalten, was mir jedoch kaum gelang. Bloß gut, dass der Gurt da war.

3 Kilometer weiter in San Vittore (ihrem Heimatort) bot sie an, mich noch bis nach Soave zu fahren. Das lehnte ich aber dankend und konsequent schnell ab. Zwar stand ich jetzt wieder im Regen, aber ich fühlte mich außerhalb des Autos viel wohler. Trotzdem war ich dankbar, dass sie mich mitgenommen hatte. Der Verkehr ließ etwas nach und in Soave hatte ich sogar mal einen ordentlichen Fußweg.

Am Anfang von San Bonifacio gönnte ich mir in einer Bar einen heißen Tee und fragte nach dem Weg. Was nun an Wegen folgte, stellte alles Bisherige in den Schatten. Alsbald sah ich mich einer vierspurigen Brückenauffahrt mit einer extra Ab- und Auffahrt links und rechts gegenüber. Neben der Auffahrt nach Monteforte gab es einen Fußweg hinter einer Hecke. Frohen Mutes betrat ich diesen, bis ich bald darauf zu einem großen, mehrspurigen Kreisverkehr kam. Durch die Hecke schauend musste ich feststellen, dass sich die Ausfahrt nach Monteforte auf der gegenüberliegenden Seite des Kreisverkehrs befand. Mir blieb auch nichts erspart. Zuerst musste ich durch die große und dichte Hecke. Zum Glück fehlten an der Innenbegrenzung einige Leitplanken, sodass ich mitten durch den weiträumigen Kreisverkehr laufen konnte. Die zweispurigen Ausfahrten hatten aber alle wieder Leitplanken. Ich kam mir vor wie auf einer Autobahn. Wenn ich im Auto sitzend, einen Fußgänger dort gesehen hätte, wäre mein erster Gedanke gewesen: „Der spinnt, der ist lebensmüde!“ Tja, nun war ich der Fußgänger und mich streifte fast ein Lkw. Ein äußerst unangenehmes Gefühl.

Hatte ich beim Überschreiten des Brenners die Straßen und Radwege sehr gelobt, so war ich jetzt richtig sauer auf die Italiener, welche hier für Fußgänger absolut nichts übrig hatten. Meine Abneigung sollte sich in den nächsten Stunden nicht bessern. Nach dem Passieren einer einspurigen schmalen Brücke (ich versuchte zwischen Leitplanke und Brückenbegrenzung zu laufen), musste ich mich auf eine stark befahrene Straße neben der Autobahn begeben. Ich war verzweifelt! Wenn das jetzt so bis Venedig weiterginge?! Irgendwann erwischte mich vielleicht noch ein unachtsamer Autofahrer. Mir reichte der ganze Tag.

Dazu kam, dass ich dann, obwohl ich schon in Monteforte war, Mario über Sprechfunk nicht erreichte. Ich war total erledigt und moralisch ganz schön am Boden. Als ich Mario endlich per Funk hörte, ließ ich mich abholen und Mario fuhr einen ratlosen, frustrierten und schweigsamen Joachim nach Hause. Nach Abendbrot und Duschen war für mich schon um 19.30 Uhr Zapfenstreich.

Dienstag, 29.3.2011
Königsberger und Kümmel ...

Mario:
Da wir gestern sehr zeitig ins Bett gingen, fiel das Aufstehen heute vor 5 Uhr auch relativ leicht – zumindest mir, ich bin ja bekennender Frühaufsteher. *(Anm. Joachim: Der Witz war gut!)* Nach dem Frühstück ging es um Punkt 6.15 Uhr los in Richtung Vicenza zur Dialyse. Achim fuhr wieder. Ich muss sagen, je länger wir in Italien waren, umso mehr übernahm Achim die italienische Fahrweise. Jedenfalls hatte ich einige Male die Luft anhalten und mich am Sitz festkrallen müssen, als Achim in den Kreisverkehr einfuhr. Es interessierte hier zwar niemand, aber wenigstens hatte er dabei noch geblinkt. *(Anm. Joachim: So ändern sich die Zeiten!)* Wir kamen trotz dieser Fahrweise wieder wohlbehalten bei der Dialyse an.

Pünktlich um 7.45 Uhr wurden wir von einer hübschen Schwester ins Zimmer gerufen. Es war schon erstaunlich, wie sich Achims Gesichtszüge plötzlich aufhellten, und seine Stimme so weich und sanft wurde. Das hielt die ganze Dialyse so an. Zu meiner Erheiterung fing er dann auch noch an, mit der Schwester Italienisch zu sprechen (also, er versuchte es). Ich fragte mich, was die Schwester wohl gedacht haben mochte, wenn sie gewusst hätte, dass Achim kein Wort von dem verstand, was sie zu ihm sagte – und wohl von dem, was er sagte auch nicht. *(Anm. Joachim: Das merkte die Schwester auch so. Trotzdem hatten wir viel miteinander gelacht. Mario, du warst wohl etwas neidisch?* Anm. Mario: Ja!)
Nach der Dialyse fuhren wir noch einmal in das uns bekannte Einkaufszentrum in Vicenza, um eine Prepaidkarte für Achims Handy

zu kaufen. Entgegen unserer Erwartung verlief der Kauf der Karte völlig problemlos. Außer Achims Personalausweis wurde nichts verlangt. Sogar das Einlegen der Karte ins Handy und die Aktivierung übernahm die freundliche Dame. Danach fuhren wir noch zu unse-

Königsberger Klopse zum Abendbrot - besser geht's nicht!

rem Vermieter ins Büro, um die Modalitäten der Wohnungsabnahme für den kommenden Mittwoch zu klären. Das war nötig, da wir am Donnerstag früh um 6 Uhr zur Dialyse in Vicenza und nach der Dialyse von dort direkt weiter zu unserer nächsten Unterkunft fahren wollten.
Auch das ließ sich schnell und problemlos erledigen.
Nach dem Tanken an einer Selbstbedienungstankstelle zu günstigen Preisen (na ja, 1,45 Euro) ging es zurück in die Unterkunft. Dort kamen wir gegen 17 Uhr an. Wir beschlossen, gleich noch die Berichte zu schreiben, Abendbrot zu essen und dann wieder zeitig ins Bett zu gehen. Endlich, heute gab es wieder Königsberger Klopse! Und das Beste war: Achim hatte das vorgeschlagen! Was sollte ich sagen, am liebsten hätte er noch seinen Teller abgeleckt. Er würde das zwar öffentlich immer abstreiten, aber irgendwann wird er sich auch zu seinem Laster „Königsberger“ bekennen! *(Anm. Joachim: Mit Kümmel auf Kartoffeln schmeckt alles gut – war meine Idee.)*

Mittwoch, 30.3.2011
Angenehme Düfte?
(Siebenundzwanzigster Wandertag, Monteforte – Altavilla, 20 Kilometer)

Joachim:
Nachdem ich einigermaßen erholt und mit gutem Blutdruck aufstand, konnte ich um 9.15 Uhr mit neuen Kräften in Monteforte starten. Am Ortsausgang beobachtete ich kurz eine Rattenfamilie, die am Grabenrand ihren Bau bewohnte. Endlich befand ich mich auf einer Straße mit sehr wenig Verkehr. Mit dem 11 Uhr Glockenschlag wanderte ich in Sorio ein. Von Ferne hörte ich erstmalig einen Kuckuck rufen. Eine Stunde späterer erreichte ich Montebello. Da es selten Sitzgelegenheiten zum Ausruhen gab, nutzte ich am Ortseingang eine Fußgängertreppe. Vom benachbarten Grundstück bellte mich ein kleiner Hund an. Nachdem ich ihm aber meinen ersten Keks überlassen hatte, schwieg er friedlich. In Montebello war Markttag und ich lief einige Zeit an den Ständen vorbei. Nach dem Überqueren einer Brücke fand ich am Ortsausgang wieder einen großen Kreis-

verkehr vor. Das Positive war: Es gab einen Radweg am Rande des Kreisverkehrs, welcher in meine Richtung führte. Ca. 1 Kilometer lief ich allein auf einer alten Straße, die sich unterhalb der Bundesstraße befand.

Nach dem schnellen Überqueren einer Brücke verließ ich die B11 und gelangte auf eine schmale, mäßig befahrene Straße. Öfters musste ich anhalten, da meine Füße schmerzten. Deshalb machte ich in Pedocchio in einer kleinen Bar am Wegesrand mit Eistee eine schnelle Rast. (Anm. Mario: Die Bars „am Wegesrand" schienen sich zu häufen.) *Lange aufhalten konnte ich mich nicht, da mich Mario schon in 1,5 Stunden in Altavilla erwartete. Es waren jedoch noch mindestens 7 Kilometer. Nach weiteren 2 Kilometern musste ich wegen meiner Füße wieder eine Rast im Zentrum von Brendola machen. Endlich fand ich Bänke. Nun konnte ich mich auch meiner Schuhe entledigen und meinen Füßen etwas Luft gönnen. In der Bar wollte ich das niemanden zumuten – obwohl ich ja der Meinung war, dass meinen Füßen nur angenehme Düfte entwichen.* (Anm. Mario: Träume weiter ...) *Von hier schickte ich Mario eine SMS, dass er etwas später zum Treffpunkt kommen sollte. Bloß gut, dass ich am Vortag eine italienische Prepaid-Karte erhielt. Weiter ging's!*

Mit etwas Glück (und männlichem?) Spürsinn fand ich sofort den Weg nach Goia. Hier traf ich auf einen sehr netten Einheimischen, welcher mir 2 Wege nach Altavilla erklärte. Einmal die Straße entlang über die Berge, was ich aber nicht wollte, und einmal einen Weg durch die Weinberge. Ich entschied mich für die Weinberge. War es am Anfang ganz idyllisch, wurde es dann doch etwas anstrengend. Der Weg hörte letztendlich ganz auf und ich lief zwischen den Weinstöcken. Man glaubte gar nicht, wie nass und rutschig ein Weinberg am Hang sein konnte. Deshalb war ich froh, als ich ein Stück unterhalb einen Weg erkannte. Ich musste jedoch feststellen, dass dieser zurück in das hiesige Gewerbegebiet zwischen den beiden Orten führte. Auf die dann folgende, sehr stark befahrene Bundesstraße wollte ich aber nicht. Also erneut in die nächsten Weinberge und Wiesen. Dabei versuchte ich immer parallel zur Autobahn zu laufen.

Wieder traf ich auf einen netten und hilfsbereiten Weinbauern. Ich musste ihm nicht viel erklären, hatte ich doch auf meinen Rücksack unser Logo „Wandern für Dialyse und Organspende von München nach Venedig“ auf Italienisch stehen. Ein großes Dankeschön an den Bundesverband Niere e.V. für das Erstellen des italienischen Logos! Mehrmals schon kamen verwunderte Anfragen von Einheimischen über meine Wanderung. Dann drehte ich mich immer um und verwies auf das Logo und sofort wussten die Fragenden Bescheid. Ein paar Weinberge weiter und nach dem Überqueren von mehreren Gräben half mir das Logo wieder bei meiner Wegsuche. Die Anwesen betrat ich immer über den Weinberg. Da fast alle Grundstücke Wachhunde hatten, musste ich immer auf ihr Auftauchen gefasst sein. Das Glück war mir jedoch auch hier hold. Die Hundehütte sah ich zwar, aber keinen Hund.

Ohne auf eine viel befahrene Straße zu müssen, erreichte ich gegen 16.30 Uhr endlich Mario und mein Auto in Altavilla. Nach dem Tanken und Einkaufen waren wir gegen 18 Uhr in unserer Unterkunft. Es war keine Zeit mehr, einen Bericht ins Internet zu setzen, da wir wegen des anstehenden Umzugs ins neue Quartier schon um 4 Uhr aufstehen und deshalb zeitig ins Bett mussten.

Donnerstag, 31.3.2011
Neue Unterkunft in Quinto

Mario:
Um 4 Uhr war Aufstehen angesagt, da wir noch den Rest unserer Sachen ins Auto packen mussten – puh. Das war einfach nicht meine Zeit. Achim war wegen seiner sich manchmal etwas hinziehenden, morgendlichen Körperpflege im Bad noch zeitiger aufgestanden. *(Anm. Joachim: Damit wenigstens einer von uns in Italien und besonders bei den Schwestern einen „ordentlichen“ Eindruck hinterließ!)*
Nach dem Frühstück wurde noch der Boden aufgewischt, der Kühlschrank ausgeräumt und alles, was noch da war, ins Auto gepackt. Danach ging es zum Büro unseres Vermieters, um die Schlüssel im Briefkasten zu hinterlassen. Pünktlich um 6.15 Uhr konnten wir dann Richtung Vicenza zur Dialyse aufbrechen.

Heute hatten wir schon wieder eine andere Schwester, sodass wir langsam glaubten, dass uns dort jeder mal betreuen wollte. Völlig verständlich!
Achim versuchte gleich wieder, mit seinem „Italienisch" zu punkten. Na ja, was sollte ich dazu noch sagen?
Durch das zeitige Aufstehen mussten wir natürlich an der Dialyse noch etwas Schlaf nachholen. Danach wurden unsere mitgebrachten Leckereien gegessen. Achim schrieb noch seinen Bericht über die Wanderung, da wir am Vortag dafür absolut keine Zeit mehr hatten.

Nach der Dialyse ging es dann ins neue Quartier. Das fanden wir problemlos, nach 20 Minuten Fahrzeit. In der Wohnung angekommen, mussten wir uns entscheiden, wo wer schlafen wollte. Leider hatten wir nur 1 Schlafzimmer. Auf einer Empore befanden sich 3 Betten und im Wohnraum konnte man noch ein Schlafsofa herrichten. Geplant war eigentlich, dass einer unten und einer oben schlief. Da es uns aber zu umständlich schien, jeden Morgen das Sofa wieder in Ordnung zu bringen, entschlossen wir uns, beide auf der Empore zu schlafen. Zur Sicherheit stand ja ein leeres Bett zwischen uns. *(Anm. Joachim: Sehr gut!)*
Nachdem wir uns vom Vermieter noch einen Internetzugang einrichten ließen, Töpfe, Pfannen und die Fernbedienung für den Fernseher untergebracht hatten, gab es Abendbrot. Danach wurde noch der Bericht geschrieben, die weitere Wanderroute besprochen. Dann ging dieser anstrengende Tag auch schon zu Ende.

Freitag, 1.4.2011
Wanderschuhe oder Halbschuhe?
(Achtundzwanzigster Wandertag, Altavilla – Montegalda, 23 Kilometer)

Mario:
Etwa um 7 Uhr stand ich auf. Dann frühstückten wir in Ruhe. Achim hatte sich 24 Tageskilometer bei schönstem und wolkenlosem Himmel vorgenommen. Gegen 9 Uhr haben wir uns mit dem Auto nach Altavilla, dem Startpunkt, aufgemacht. Am Parkplatz angekommen bereitete Achim wie immer sehr umsichtig seinen Start vor. Das hieß

Rucksack in Stellung bringen, Hose noch mal richten und die Wanderstöcke anlegen. Dann machte er sich auf den Weg.

Ich gab ins Navi wieder die Adresse unseres Quartiers ein und wollte zurückfahren. Nach etwa 50 Metern sah ich Achim wild winkend wieder in meine Richtung laufen. Also zurück zum Parkplatz. Was war passiert? Achim kam fluchend zum Auto zurück gelaufen. Nachdem er seiner Wut Luft gemacht hatte, eröffnete er mir, dass er vergessen hatte, seine Wanderschuhe anzuziehen. Er trug noch seine Halbschuhe.
Oh je, dass bedeutete natürlich, dass wir etwa 20 Kilometer in die Unterkunft zurückfahren und die Wanderschuhe holen mussten. Dadurch verlor Achim gut eine Stunde Wanderzeit. Vorsichtshalber wurde gleich noch das zweite Paar Wanderschuhe im Kofferraum deponiert – man konnte ja nie wissen ...
Danach ging's erneut nach Altavilla und Achim konnte seine heutige Tour, für die etwa 8 bis 9 Stunden eingeplant waren, endlich mit den richtigen Schuhen starten.

Dann erfüllte ich meine Tagesaufgaben. Ich fuhr wieder einmal tanken und dann zurück in die Unterkunft, um dort etwas Ordnung zu schaffen. Dann inspizierte ich unsere noch vorhandenen Lebensmittel. Schließlich wollen wir nicht, wie im vorigen Jahr, viele Lebensmittel wieder mit nach Deutschland zurücktransportieren. Was bei der Bestandsaufnahme auffiel: Wir mussten unbedingt noch viermal Königsberger essen!!!

Von Achim bekam ich eine SMS, dass ich ihn erst gegen 19 Uhr am vereinbarten Treffpunkt abholen sollte. Ich hatte dabei ein etwas mulmiges Gefühl. Da gegen 19.40 Uhr Sonnenuntergang war, war mir klar, dass ich ihn unbedingt noch im Hellen einsammeln musste. Hier in Italien bei dem Verkehr, und dann noch im Dunkeln nach Achim suchen, konnte mit großer Wahrscheinlichkeit nicht gelingen.

Ich fuhr etwas früher los in Richtung Montegalda, unserem vereinbarten Treffpunkt. Ich wollte versuchen, dort einen Supermarkt zu finden und fehlende Lebensmittel kaufen. Gleich am Ortseingang wurde ich fündig.
Danach fuhr ich zur Kirche von Montegalda und stellte mich davor

auf einen Parkplatz. Ich hoffte, Achim würde aus der Ferne die Kirchturmspitze sehen und ich könnte ihn dann so per Funk zu mir lotsen. Das klappte auch ganz gut und ich konnte Achim noch im Hellen einsammeln – mit Wanderschuhen …

„Dank“ unseres super intelligenten Navi wären wir bald noch irrtümlich auf der Autobahn gelandet. Erst direkt vor der Mautstelle bemerkten wir den Irrtum. Eigentlich ging es jetzt nicht mehr zurück, da die Fahrspuren zur und von der Autobahn abgetrennt waren. Es gab jedoch eine kleine Lücke zwischen den Fahrbahnen mit einem großen Schild, dass hier die Durchfahrt verboten war.
Wir hatten nun 2 Möglichkeiten: entweder mautpflichtige Autobahn und nach etwa 20 Kilometern wieder zurückzufahren oder wir riskierten eine Durchfahrt durch die Lücke in den Fahrbahnen, und damit eine saftige Strafe, wenn wir erwischt würden. Wir entschieden uns für Möglichkeit Nr. 2. Wir warteten solange, bis auf beiden Fahrbahnen kurzzeitig mal kein Auto zu sehen war und dann ging's mit Vollgas durch die Lücke. Puh, das hätte ins Auge gehen können, wenn dort Polizei aufgetaucht wäre.

Dann ging's ohne weitere Probleme und bei beginnender Finsternis zurück in die Unterkunft. Dort gegen 20 Uhr angekommen, wurden die vorbereiteten Königsberger Klopse mit Kartoffeln gegessen – lecker! Nun folgte das übliche Prozedere: Bericht schreiben und früh ins Bett. Am nächsten Tag stand zeitiges Aufstehen wegen der Dialyse auf dem Plan.

Joachim:
Am Vorabend sah ich mich noch etwas auf dem Hof unseres Quartiers um. Der Bauer besaß 10 Hektar, welche er ökologisch bewirtschaftete, hauptsächlich mit Mais. Diesen verarbeitete er selbst. Er hatte sich eine kleine Getreidemühle aus Österreich besorgt. Das Maismehl wurde nur mit Wasser und wenig Salz versetzt und zu einer Art Kuchen geformt, welcher in Bioläden verkauft wurde. Dieser Maiskuchen konnte zum Beispiel in Scheiben geschnitten in der Pfanne gebraten werden. Einen Maiskuchen schenkte er uns, den wir teilen und zu Hause einmal ausprobieren sollten. Ich wollte mich überraschen lassen …
Um 6.30 Uhr begann mein Tag. Da der Vortag mit Dialyse und Umzug sehr anstrengend war, hatte ich mir abends keine Quarkspeise

mehr zubereitet. Dies erledigte ich nun heute früh, wozu ich schnell noch raus zum Auto musste und dabei meine Halbschuhe anzog, die

Joachim endlich mit den richtigen Schuhen ...

ich dann auch anbehielt. Nach dem Frühstück verließen wir kurz vor 9 Uhr den Hof. Um 9.30 Uhr startete ich mit der Wanderung. Nach 300 bis 400 Metern sah ich plötzlich auf meine Füße. Ich musste feststellen, dass ich noch die leichten Halbschuhe anhatte. Mit diesen kam ich beim Wandern nicht weit. Schnell rannte ich zurück und konnte Mario gerade noch erwischen. Ich ärgerte mich über meine Schusseligkeit und dass wir noch mal zurückfahren mussten.
10.45 Uhr erfolgte in Altavilla nun der zweite Start an diesem Tag. Nach ca. 3 Kilometern erreichte ich San Augustino, einen kleinen Vorort von Vicenza. Dort legte ich eine erste Rast ein. Bald darauf ging es stetig bergauf. Gestern hatten wir beschlossen, dass ich nicht den Bogen über Vicenza gehen würde, sondern versuchen sollte, unterhalb der Stadt einen Weg zu finden. Dazu hatten wir im Internet alle zu begehenden Straßen herausgesucht und notiert. Die Via Preganzola, welche schon in San Augustino begann, teilte sich irgendwann, und ich musste den linken Weg nehmen. Jetzt lag vor mir so eine Gabelung. Ich nahm die linke, steil ansteigende Straße.

Die Hoffnung, richtig zu sein, erfüllte sich jedoch nicht. Nachdem ich mich für den Anstieg aber sehr verausgabt hatte, wollte ich nicht wieder umkehren. Laut Karte wusste ich, dass ich Richtung Osten musste. Mithilfe der Sonne fand ich schnell heraus, wo Osten lag, und los ging es durch die Weinberge. Ein Stück weiter erstieg ich ein Plateau, welches von alten großen Lebensbäumen eingerahmt war. Von hier oben gab es wunderbare Ausblicke auf Vicenza und die ganze Umgebung. Von oben sah ich meinen weiteren Weg vor mir. Erstmal durch die Weinberge wieder abwärts und dann lag da im Tal, direkt im Osten, meine angestrebte kleine Straße. In der Nähe bemerkte ich einen großen Zaun. Wahrscheinlich ein Wasserschutzgebiet. Auch ein Wachturm stand dort, eigentlich außerhalb des Zauns in Richtung der anvisierten Straße. Wer weiß, was die Italiener hier bewachten? Dumm war nur, dass ich nicht so einfach auf die Straße gelangen konnte. Eine mindestens 2 Meter hohe Mauer grenzte den Weinberg von der Straße ab und ich kam somit nicht hinunter. Also weiter durch den Weinberg, und wirklich, bald sah es etwas günstiger aus. Es gab einen steilen Hang mit Gestrüpp, der fast bis zur Straße reichte. Das musste gehen! Leicht schräg laufend versuchte ich runterzukommen. Vor mir sah ich alte Eisengestänge wie von Klappstühlen liegen.

Gerade hatte ich diese überschritten, als ich nach unten wegrutschte. Mein Rucksack verfing sich oben in dem Eisengestänge. Ich rutschte jedoch immer tiefer, die Zwischengurte des Rucksacks schnürten mir immer mehr die Luft ab und ich bekam schon Angst, dass ich mich aufhing. Mit Mühe suchte besonders meine linke Hand Halt in einer stärkeren Astgabel, an der ich mich mit großer Kraftanstrengung wieder hochziehen konnte. Endlich löste sich der Rucksack von den Gestängen. So hilfreich Walkingstöcke beim Aufsteigen auf einen Wiesenhang waren, so hinderlich erwiesen diese sich beim Absteigen an einem Hang mit Gestrüpp. Man blieb überall hängen. Aber letztendlich stand ich, nach Überwindung der rund dreiviertel Meter hohen Mauer, endlich auf der Straße. Plötzlich bemerkte ich, dass die linke Hand etwas klebte. Sie war ganz blutig. Irgendwann musste ich mich verletzt haben, wahrscheinlich an der Astgabel. Mithilfe des mitgeführten Dialyse-Notfallsets säuberte ich sie etwas und verband sie. Dabei bemerke ich einen Schotterweg, welcher abwärts führte. Es musste doch einen Weg bis zu meiner von oben gesehenen Straße geben! Dieser Weg jedoch wurde immer kleiner und war letztendlich ein zugewachsener Fußweg.

Plötzlich hörte ich Hundegebell und eine Art langhaariger, brauner Schäferhund kam schon giftig bellend auf mich zu. Mit den Stöcken hielt ich ihn auf Distanz. In einiger Entfernung hatte ich kurz auch seinen Besitzer gesehen. Aber wie rief ich ihm auf Italienisch zu, dass er seinen Hund zurückpfeifen sollte? Endlich näherte er sich mir mit einem angeleinten schwarzen Hund. Je näher mir der Mann jedoch kam, desto näher rückte mir auch der zähnefletschende Hund. Er wollte wohl sein Herrchen nur vor mir beschützen! Letztendlich leinte er, auf den Hund schimpfend, diesen wieder an. Nun konnte ich ihm klarmachen, dass ich weiter abwärts wollte. Direkt unter mir (etwa 50 Höhenmeter) sah ich eine kleine Kreuzung. Dort musste ich hin. Ich sagte „Street“ und zeigte mehrmals nach unten. Der junge Mann aber „No, Americano!“. Da wurde mir alles klar – der hohe Zaun, der Wachturm, das alles war ein Sperrgebiet der amerikanischen Streitkräfte. Der Mann begleitete mich wieder nach oben bis auf einen einigermaßen ordentlichen Weg. Der mich zuvor attackierende Hund drehte sich mehrmals um und sah mich fast entschuldigend an. Bei der Verabschiedung ließ ich ihn zuerst meine Hand riechen und kurz lecken. Dann streichelte ich den Hund. Wir waren Freunde geworden – zumindest solange sein Herrchen danebenstand.

Ungewöhnliche Spitze des Kirchturms in Colze

Nun musste ich doch nach Arcugnano rein laufen. Von dort ging es weiter abwärts nach Dorri. Dabei konnte ich zurückblickend sehen, dass die „Americanos" einige Erdbunker in den Hang getrieben hatten, an dem ich runter wollte. In den Serpentinen vor Dorri traf ich auf eine hübsche Malerin, welche das gegenüberliegende kleine Schloss skizzierte. Beim Fotografieren schenkte sie mir ein schönes Lächeln. Danach verwies ich auf unser italienisches Logo auf meinem Rucksack und unsere Internetseite.

Über Tormeno erreichte ich Longara. Weiter auf einem ordentlichen Radweg lief ich nach 5 Kilometern im Ort ein. Da meine Trinkvorräte aufgebraucht waren, betrat ich eine am Weg liegende Bar. (Anm. Mario: Schon wieder eine Bar ...) *Mehrmals versuchte ich, der Bedienung klar zu machen, dass ich einen Eistee möchte. Aber sie wiederholte immer nur „No capito“. Dann fragte sie mich „Italiano?“ und ich sagte: „No“. Da hob sie bedauernd Schultern und Hände. Das war mir auch noch nicht passiert. Aber im benachbarten Ort Secula erhielt ich dann ohne Probleme etwas zu trinken.*

Nun ging es an die letzten 6 Kilometer. Von Ferne sah ich in Colze einen schlanken Kirchturm, der eine abgeknickte Spitze zu haben schien. Aus der Nähe war es dann richtig zu sehen. Der Kirchturm hatte keine Spitze, sondern die Figur einer Frau auf einer Kugel. Die Bedeutung erschloss sich mir leider nicht. Gegen 19 Uhr hatte ich das Zentrum von Montegalda erreicht und funkte Mario an. Kurz darauf befanden wir uns auf dem Rückweg.

Samstag, 2.4.2011
Venedig ist nicht mehr fern

Mario:
Da wir nur noch eine Fahrzeit von etwa 20 Minuten zur Dialyse hatten, konnten wir etwas länger, nämlich bis 6 Uhr, schlafen. Danach wurde in Ruhe gefrühstückt, die Brote für die Dialyse fertig gemacht und pünktlich um 7 Uhr brachen wir nach Vicenza auf.

Im Dialysezentrum angekommen, schloss man uns sofort an die Maschine an. Gestern hatte Achim noch Scherze gemacht und gemeint, wir würden wohl heute einen Pfleger bekommen. Ich hatte gedacht (und gehofft), dass sich mal eine von den jüngeren Schwestern liebevoll um uns (eigentlich mehr um mich) kümmern würde. Na ja, es ist der Pfleger geworden. Mittlerweile hatten wir jedoch gelernt, mit Entbehrungen zu leben, und deshalb verlief auch diese Dialyse wieder relativ problemlos. Achim schrieb seinen überfälligen Bericht. Dafür war er am Vortag einfach zu kaputt gewesen. Nach 24 Kilometern und erst um 24 Uhr Ankunft in der Unterkunft konnte ich das auch verstehen und erteilte ihm diese Ausnahmegenehmigung.

Nach der Dialyse fuhren wir noch mal schnell in ein Einkaufszentrum. Achim brauchte noch einige Ansichtskarten. Danach ging's zurück in die Unterkunft. Ich legte mich erst noch etwas aufs Ohr und Achim schaute etwas Fernsehen. Nach einem Schwatz mit dem Vermieter auf Englisch (keine Ahnung, wie Achim das gemacht hat), brachte Achim eine gemalte Skizze mit, auf der die Umgebung der Unterkunft mit für uns wichtigen Einrichtungen aufgemalt war. Dabei war auch der Bahnhof, von dem man innerhalb einer Stunde bis Venedig fahren kann. Das würde uns auf der letzten Strecke nach Venedig sehr helfen.
Dann wurde der Bericht fertig geschrieben, etwas Fernsehen geschaut, die Unterkunft gesäubert und ab ging‘s ins Bett.

Sonntag, 3.4.2011
Venedig rückt immer näher
(Achtundzwanzigster Wandertag, Montegalda – Noventa – Padova, 29 Kilometer)

Mario:
Um 7 Uhr bin ich aufgestanden. Da Achim heute eine Wandertour von etwa 24 Kilometern plante, musste ich beim Frühstück etwas auf die Tube drücken. Schließlich musste man dafür eine Wanderzeit von etwa 8 Stunden einplanen.

Gegen 8.45 Uhr fuhren wir in Richtung Montegalda, dem heutigen Startpunkt. Nachdem Achim noch mal zurück zum Auto gespurtet kam, weil seine Kopfbedeckung fehlte, machte er sich gegen 9.20 Uhr auf den Weg. Da es ihn an seine Lehrzeit erinnerte, musste ich von ihm und einer Kuh am Wegesrand noch ein Foto schießen. Ja, unser Achim ist ein mutiger Bursche – vor allem, wenn es sich um Kühe handelte, die eigentlich vor einer Plastikbox standen, an der man frische Milch durch Geldeinwurf entnehmen konnte. Ich wur-

Original: Joachim kämpft mit einer Plastikkuh ...

de dann sogar gezwungen, einen anderen Hintergrund einzufügen. ***(Anm. Joachim: Diese Idee kam natürlich von Computerfreak Mario! Aber er hat es nicht schlecht gemacht.)***
Als Achim weg war, fuhr ich zurück ins Quartier. Unterwegs legte ich noch einen Stopp an einem typisch italienischen Urnen-Friedhof ein.

Zurück im Quartier ging es wieder an die üblichen Hausarbeiten und dann hatte ich endlich mal ausgiebig Zeit, mit dem mitgebrachten Buch anzufangen. Hier gehörte zur Unterkunft ein schönes großes Grundstück, auf dem ich mich schön zum Lesen in die Sonne setzen konnte. Danach suchte ich noch einen Briefkasten für Achims Karten, den ich aber trotz der Skizze des Vermieters nicht fand.

Anschließend, gegen 17.45 Uhr, machte ich mich auf, um Achim in der Nähe von Padua wieder abzuholen. Dabei hätte ich das Navi am liebsten aus dem Fenster geschmissen. Erst fand es nicht die Autobahnauffahrt, und dann schickte es mich noch kreuz und quer durch Padua über Straßen, die es teilweise überhaupt nicht gab. Als ich dann

Fälschung: Joachim kämpft in den Bergen mit einer richtigen Kuh ...

wieder mal in einer Sackgasse gelandet war, hörte ich Achim laut und deutlich über das Funkgerät. Er konnte also nicht mehr weit entfernt sein. Da wir uns bei einer markanten Brücke über einen Kanal treffen wollten, fuhr ich einfach die Hauptstraße in Richtung Kanal. Und tatsächlich, keine 3 Minuten später sah ich Achim am Straßenrand. Noch ganz aufgeregt erzählte er mir erst mal von seinen Erlebnissen.

Dann ging's zurück, natürlich nicht ohne vom Navi noch einige Male in die Irre geführt zu werden. Wir fanden trotzdem zurück und entschlossen uns, gleich noch mal zu dem Briefkasten zu fahren, den ich heute schon einmal vergeblich gesucht hatte. Durch Achims Navigation fanden wir ihn doch noch. Dann ging's zurück in Quartier (20 Uhr Ankunft), es wurden noch die Berichte geschrieben, Abendbrot gegessen und dann ging's ins Bett.

Joachim:
An diesem Tag wollte ich eine große Etappe angehen. Die wahre Kilometerzahl teilte ich Mario gar nicht mit. Er war immer sehr besorgt, dass ich mir nicht zu viel zumute. Aber gerade seinetwegen nahm ich die Mehrkilometer auf mich. Auf der Karte findet man in und um Padua ein Autobahnenchaos. Deshalb kam nur ein Ziel vor oder hinter Padua infrage. Nach 6 Kilometern wollte ich jedoch noch nicht in Treponti aufhören, also musste ich durch die Stadt und noch ein Stück weiter. Im Nachhinein war es richtig, denn das Navi hatte so schon genug Probleme.

Um 9.10 Uhr gelangten wir wieder an den letzten Abholpunkt in Montegalda. Daneben gab es einen Milchverkaufsautomaten mit einer Kuh davor. Mario wollte ein gutes Foto. Deshalb ließ ich mich auf einen Kampf mit der Kuh ein. Natürlich gewann ich, war sie doch aus Plastik. Fast hätte ich sie aufs Kreuz gelegt bzw. umgeworfen. Die Anwohner schauten schon sehr argwöhnisch auf unser Treiben. Um unsere friedlichen Absichten zu demonstrieren, schnallte ich mir schnell den Rucksack auf und los ging's. Da ich meine Baseballkappe in der Eile vergessen hatte, musste ich nach ca. 200 Metern noch mal umkehren. Schnell verließ ich danach die Stadt in Richtung Padua. Ich warf noch einmal einen Blick zurück auf Montegalda. Das Städtchen hatte 7 Hügel und 7 Kirchen. Die imposante Villa Grimani-Marcello-Sorlini, ein mittelalterliches Schloss, wurde schon seit 1176 in den Urkunden geführt. Heute, am Sonntag, wehte öfters Glockenklang von den Kirchen der umliegenden Dörfer zu mir herüber. Mindestens zweimal vernahmen meine Ohren ein ungewöhnliches, aber sehr angenehmes Läuten. Ein ganzes Weilchen wurden die Glocken einzeln im Dreiklang abwärts geschlagen, mit je einer reichlichen Sekunde Abstand. Nur am Ende ging es dann noch mal etwas durcheinander.

Nach reichlichen 4 Kilometern kreuzte ein kleines Flüsschen meinen Weg. Ich hatte gehofft, eine Brücke zu finden, da auf meiner Karte eine eingezeichnet war. Leider gab es diese nicht. Neben und auf dem Damm lief ich jetzt bis Trambacche, wo sich eine Brücke befand und ich den Fluss überquerte. Am Damm sah man, dass das friedliche Flüsschen auch gefährlich werden konnte, hatten doch die Wiesen und Felder eine eingetrocknete Schlammkruste, sogar oft bis zur halben Dammhöhe. Da es heute mit über 25 Grad sehr warm war, verordnete ich mir bei der nächsten Rast Marscherleichterung. Die Hosenbeine und die Ärmel der Hemden wurden hochgekrempelt.

Wieder auf der Straße nach Padua verstärkte sich der Verkehr extrem. Da die Straße sehr schmal war, stand ich oft halb im Straßengraben. Das kostete viel Zeit. Bald darauf folgte links ein breiter Bach „meiner" Straße. 2 Männer liefen ein Stück vor mir. Als ich an einem der beiden vorbei kam, begann dieser gerade zu angeln. 50 Meter vorher hatte ich 5 – 6 größere Fische gesehen. Den Mann wollte ich schon darauf hinweisen – nur wie sagte man das auf Italienisch? Der Andere hatte etwas weiter unten schon Glück gehabt. Er fing die Fische mit einem Kescher. In diesem befand sich auch schon ein mittelgroßer Fisch. Bisher kamen mir die Bäche und kleinen Flüsse oft etwas trüb und fischarm vor. Heute sollte ich das absolute Gegenteil erfahren.

Auf den nächsten 3 Kilometern sichtete ich neben mir mindestens 100 größere Fische (rund 30 bis 50 Zentimeter lang). Wahrscheinlich war der Bach ihr Laichgebiet, denn oft sah ich einen größeren Fisch (wahrscheinlich das Weibchen), welches manchmal von 6 bis 8 männlichen Fischen stark umworben wurde. Der Bach war nicht sehr tief und die Fische ließen sich in ihrem Liebesrausch nicht stören. So kam es, dass zum Teil richtige „Fischhaufen" den Bach und die

Wasseroberfläche aufwühlten. Sie wären eine leichte Beute gewesen. Tja, nicht nur bei den Menschen macht die Liebe blind. Und noch etwas fiel mir auf: Mindestens 10 große Wasserratten lagen überfahren am Straßenrand. Am Kreisverkehr vor Caselle endete der Bach. Plötzlich zeigte sich ein Radweg, welcher links rechtwinklig von der Straße abging. In der Hoffnung, dass er hinter den Häusern parallel zur Straße weiterführte, bog ich in diesen ein. Leider lag ich mit meiner Einschätzung falsch. Einmal stand ich vor einem Flüsschen, ein anderes Mal in einer Sackgasse. Letztendlich kam ich nach Brentelle und strebte auf einem Fußweg neben der B 11 Richtung Padua. Da ich wegen der Wärme sehr schwitzte, musste ich in einer Bar mit Eistee mein Defizit auffüllen. (Anm. Mario: Ich kann die Bars schon nicht mehr zählen.) *Auch der Toilette galt mein Interesse. Dort fand ich jedoch nur ein Loch im Boden vor. Irgendwo, ich glaube in Russland, gibt es wenigstens noch Haltegriffe an der Seite. Die fehlten hier auch. Mein „Bedürfnis“ war sofort erloschen und ich verließ schnell die Bar. Eigentlich hätte ich es fotografieren müssen, aber mein Fotoapparat hatte am Morgen kurz hinter Montegalda seinen Geist aufgegeben. Schade!* (Anm. Mario: Ja, die vielen Barbesuche sind eben auch für den Foto-Geist nicht gut ...)

Neben der B11 traf ich in Padua ein und erreichte die Altstadt. Ich hielt mich immer in der Nähe des Flusses. Später wurde eine Art Kanal daraus, auf der die italienische Wasserwacht eine Rettungsübung durchführte. Plötzlich joggte langsam jemand an mir vorbei. Eine junge Frau, welche fast nur mit schwarzen und eng anliegenden, sehr durchsichtigen Leggings bekleidet war. Ca. 100 Meter vor mir wurde sie plötzlich langsamer und verfiel in einen schnellen Gang. Obwohl meine Füße nach über 25 Kilometer schon etwas schmerzten, passten diese sich automatisch der Geschwindigkeit der Frau vor mir an. Nach ca. einem Kilometer joggte sie unerwartet weiter, um mir wenig später wieder entgegen zu kommen. Unsere Blicke trafen sich. Sie lächelte mich an und grüßte mich im Vorbeilaufen mit einem fast dahin gehauchten „Salve“. Ich war perplex! Diese Frau war sich ihrer Wirkung auf die Männer, und damit auch auf mich, doch sehr bewusst! Ich war dankbar für die Begegnung, aber auch für das schöne Lächeln, wofür ich sehr empfänglich bin. (Das Schönste an jedem Menschen, egal welchen Alters oder Geschlechts, ist doch das Lachen. Lasst uns so viel wie möglich füreinander und miteinander lachen!)

So, nun war es nicht mehr weit. Gegen 18.15 Uhr erreichte ich unseren Treffpunkt an einem kleinen Stauwerk an der Via Roma in Noventa. 15 Minuten später kam Mario und holte mich ab.

Montag, 4.4.2011
Wozu eigentlich ein Navi?
(Neunundzwanzigster Wandertag, Novento Padova – Mira, 18 Kilometer)

Mario:
An diesem Morgen musste ich erst um 8.30 Uhr aufstehen, der blanke Luxus. Achim hatte noch bis in die Nacht an seinem Wanderbericht gesessen. Deshalb wollte er etwas länger schlafen. Danach frühstückten wir in Ruhe und brachen dann gegen 9.30 Uhr nach Novento Padova auf. Unser Navi konnte von Glück reden, wenn es diese Woche noch überlebte und ich es nicht vorher aus dem Autofenster werfe würde. Jedenfalls schickte es uns wieder kreuz und quer durch die Gegend. Letztlich haben wir aber doch den Startpunkt von Achims heutiger Wanderung, das kleine Stauwerk, gefunden.

Danach fuhr ich zurück und ignorierte dabei das Navi komplett. Ich hielt mich an die Hinweisschilder zur Autobahn, die ab und zu auftauchten. Und was soll ich sagen, es lief erheblich unkomplizierter als mit dem Navi. In der Unterkunft angekommen, machte ich mich wieder über das Buch her. Von Achim kam gegen 14 Uhr eine SMS, dass ich ihn schon um 16 Uhr, statt wie geplant 17 Uhr holen sollte. 19 Kilometer in 5,5 Stunden. Mein lieber Mann. Ich dachte, er musste die gesamte Strecke gerannt sein. Ich machte noch etwas Ordnung in der Wohnung und suchte danach den Bahnhof, an dem Achim am Mittwochabend (dann wollte er bis Ortseingang laufen) von Venedig zurückfahren wollte. Ich fand ihn relativ schnell durch die Skizze unseres Vermieters. Auch die italienischen Fahrpläne konnte man eigentlich problemlos lesen, sodass meine Bedenken, Achim könnte am Mittwoch mit der Zugfahrt Probleme bekommen, ziemlich schnell zerstreut wurden. Danach brach ich gegen 15 Uhr auf, um Achim von Mira, dem Treffpunkt, abzuholen.

Und wieder trieb mich das Navi fast in den Wahnsinn. Mitten auf einem Autobahnkreuz brachte es die Meldung, dass dieses Gebiet nicht digitalisiert wäre! Toll, ich beschloss, es jetzt komplett zu ignorieren, und fuhr nach der Beschilderung. Zum Glück war Mira an einer Autobahnabfahrt ausgeschildert, sodass ich beruhigt die Autobahn verließ. Bis jetzt hatten wir immer die Fahrspuren an den Mautstellen mit dem Hinweis „self service" gemieden und sind an die Fahrspuren der Mautstelle gefahren, bei der ein Mensch die Mautkosten kassierte. An dieser Ausfahrt gab es jedoch nur „self service" – Fahrspuren. Also hatte ich keine Wahl. Es war überhaupt kein Problem. Keine Ahnung, warum wir das bisher gemieden hatten.

Weiter ging es ohne Navi nach Mira. Es war alles einigermaßen ausgeschildert, sodass ich relativ schnell an dem Kanal landete, an dem wir uns an einer Brücke treffen wollten. Ich hörte Achim auch schon relativ deutlich im Funkgerät und so konnte er mich problemlos zu sich lotsen. Danach ging's zurück zur Unterkunft. Und wieder fand das Navi die Autobahnauffahrt nicht. Wir hatten den Eindruck, je näher wir Venedig kamen, umso lückenhafter wurde die Karte des Navi. Das warf kein gutes Licht auf diesen Hersteller von Navigationsgeräten. Na ja, ohne Navi fanden wir dann auf die Autobahn und waren gegen 17 Uhr wieder in der Unterkunft. Am nächsten Tag war Dialyse – also mussten wir zeitig ins Bett.

Joachim:
Nachdem am gestrigen Abend noch Bericht schreiben und Duschen angesagt waren, kam ich erst nach 1 Uhr ins Bett. Marios Schnarchen ließ leider nur selten einen erholsamen Schlaf zu. (Anm. Mario: Also ich habe nichts gehört!) *Nach den gestrigen fast 30 Kilometern und der unruhigen Nacht stieg ich ziemlich fertig gegen 8 Uhr aus dem Bett. Um 9.30 Uhr brachen wir mit dem Auto auf. Unser total bescheuertes Navi lotste uns nach dem Verlassen der Autobahn wieder auf diese zurück. Letztendlich kamen wir um 10.30 Uhr am kleinen Stauwerk in Noventa an, wo ich kurz darauf startete.*

Ohne Probleme absolvierte ich die ersten 4 Kilometer und erreichte Stra. Der bisherige Kanal floss hier in den Fluss Brenta. 3 zum Teil größere Stauwerke, regulierten hier die Wasserstände. Nach dem Überqueren von 2 Wehren verlief mein Weg weiter in der Nähe eines Ablegers der Brenta. Nach einiger Zeit verließ ich Stra und kam sofort nach S. Pietro di Stra. Das Gebiet um diesen Kanal war zum Teil nicht verbaut. Auch schienen viele Reiche (leider nicht ich!) hier zu wohnen. Ich lief an mehreren alten, aber auch neuen Prachtvillen vorbei. So erreichte ich Palello, bald darauf Dolo und nach einiger Zeit mein heutiges Etappenziel Mira.

Es gab nichts Nennenswertes zu berichten. Der Verkehr war aber nicht wenig und ich durfte nicht zu viel vor mich hinträumen. Manches Haus ging bis zur Straße, aber auch hohe Hecken engten die Straße ein. Es kam schon vor, dass ich an einer engen Stelle rennen musste. Sehr gefährlich waren hohe Hecken in Kurven. Normalerweise lief ich immer links, auch in den Orten, wenn kein Fußweg da war. Bei einer nicht einsehbaren Linkskurve, zum Beispiel durch eine hohe Hecke, wechselte ich immer auf die rechte Seite. Allein heute gab es 3 Situationen, in denen ich im Nachhinein froh darüber war, die Seite gewechselt zu haben. In Mira lief ich noch ein ganzes Stück rein, auch um einen ordentlichen Haltepunkt und Wendeplatz für das Auto zu finden.

Gegen 16 Uhr kam Mario und es ging wieder zurück ins Quartier nach Quinto. Am Mittwoch, wenn alles nach Plan verlief, würde ich Venedig erreichen. Endlich! Mehr als ein Jahr vor der Wanderung begannen die intensiven Vorbereitungen. Hoffentlich kam jetzt nicht noch etwas dazwischen!! Dieser Gedanke und Marios Schnarchen ließen wieder keinen erholsamen Schlaf zu. Sollte es so weitergehen, würde ich ihn auf den Balkon raus schieben! (Anm. Mario: Ja, ja, vielleicht lag es ja auch an Achims ständigen Barbesuchen!?) *Obwohl ich schon um 20.30 Uhr im Bett lag, war ich am nächsten Morgen nicht ausgeschlafen.*

Dienstag, 5.4.2011
Vorbildliche Patienten

Mario:
Heute ging es wieder um 6 Uhr aus dem Bett. Achim tummelte sich schon im Bad und machte sich fertig für die Dialyse. Nach dem Frühstück fuhren wir Richtung Vicenza zur Dialyse. Dort angekommen hatten wir, wie nicht anders zu erwarten, eine neue Schwester. So langsam machte uns das ziemlich nachdenklich.
Die Theorie, die in einem Kommentar auf unserer Internetseite ein „uns völlig unbekannter Besucher“ aus Berlin aufgestellt hatte, dass es jede Schwester nur einmal mit uns aushielt, war für uns nicht nachvollziehbar. Bei unserem sprichwörtlichen Charme konnte es nur so sein, dass uns einfach jede einmal kennenlernen wollte. Allein Achims „Italienisch“ war einen Vormittag bei uns im Zimmer wert. ***(Anm. Joachim: Ich versuchte es wenigstens!)***

Da ich nicht angeben möchte, werde ich auch nicht erwähnen, wie Achim heute stolz verkündete, dass er nur 1 Kilo Gewicht am Wochenende zugenommen hatte. Ich werde auch nicht erwähnen, dass ich dann mein Gewicht verkündete, nämlich nur 300 Gramm über meinem Sollgewicht*. Das alles wollte ich nicht schreiben, weil es einfach nach Angeberei klang. Wie wir zu so wenig Gewicht über das Wochenende kommen konnten, war uns beiden ein Rätsel. Es passte jedenfalls nicht mit Achims exzessiven Teekonsum und meinem Cola-Konsum zusammen. Am wenigen Essen konnte es eigentlich auch nicht liegen. Achim aß jeden Tag ein ganzes Toastbrot und ich auch nicht gerade wenig. Bei mir lag es möglicherweise an der Umstellung von Butter auf Margarine. ***(Anm. Joachim: Nach 3 Stück Butter in 2 Wochen und deinem Bauch wurde das auch Zeit.)***

Nach der Dialyse ging es zurück ins Quartier nach Quinto. Auf Wunsch eines einzelnen Herrn aus Berlin wollten wir noch mal nach Ansichtskarten schauen, hatten aber leider nichts gefunden. Wir blieben dran ...

In der Unterkunft angekommen, legte sich Achim auf's Ohr und ich setzte mich etwas in die Sonne, um mein Buch weiter zu lesen. Gegen

18 Uhr weckte ich Achim „sanft" mit dem unüberhörbaren Klappern der Teller beim Abwaschen. Mürrisch, dass er schon geweckt wurde, machte er sich für das Abendbrot fertig. Heute gab es wieder ... genau, Königsberger Klopse mit ungewässerten Kartoffeln. Wir hatten heute an der Dialyse beide ein so gutes (zu niedriges) Kalium, dass wir uns entschlossen, heute Abend unseren Kalium-Haushalt durch die Kartoffeln etwas anzuheben.

Am nächsten Tag sollte Achim bis zum Bahnhof von Venedig laufen und mit dem Zug zurückfahren. Am Freitag würden wir dann beide mit dem Zug nach Venedig fahren und Achim sollte die letzten Kilometer bis zum Zielpunkt der Wanderung, dem Markusplatz, laufen. Da ich ziemlich bequem war, wollte ich vom Bahnhof mit einem Wasserbus (Vaporetto) zum Markusplatz fahren. Ein Wasserbus entsprach in etwa einem kleinen Ausflugsschiff bei uns und ist die preiswerteste Art, sich in Venedig fortzubewegen. Ja, so sah unser Plan für die nächsten 3 Tage aus ...

** Als Sollgewicht bezeichnet man das anzustrebende Gewicht zum Ende der Dialysebehandlung.*

Mittwoch, 6.4.2011
Erste Venedigluft geschnuppert
(Dreißigster Wandertag, Mira – Venedig / Bahnhof, 22 Kilometer)

Mario:
Nach dem gemütlichen Frühstück fuhr ich Achim zurück nach Mira, damit er dort seine Wanderung fortsetzen konnte. Natürlich spielte das Navi wieder verrückt und wir entschlossen uns erneut, nicht nach dem Navi zu fahren, sondern nach der Beschilderung. Damit kamen wir problemlos am heutigen Startpunkt an, sodass Achim gegen 9.30 Uhr mit seiner Tagestour starten konnte. Da Achim heute etwa 22 Kilometer bis zum Bahnhof von Venedig laufen wollte und ich ihn mittlerweile gut kannte, machte ich mir etwas Sorgen, dass er falschen Ehrgeiz entwickelte, sich gleich noch ein bisschen Venedig

anschaute und damit übernahm. Na ja, ich hatte mir noch mal versichern lassen, dass er sich an unseren Plan halten würde.

Ich fuhr zurück ins Quartier und kam noch mal richtig ins Schwitzen. Achim hatte mir bestätigt, dass das Benzin für die Rückfahrt ausreichen würde, obwohl die Tankanzeige schon etwas bedrohlich aussah. Als gutgläubiger Mensch glaubte ich Achim natürlich. Allerdings begann die Anzeige schon weit vor der Autobahnabfahrt gefährlich zu blinken. Da ich aber noch etwa 15 Kilometer nach der Autobahn zu fahren hatte und nur eine Tankstelle in der Nähe unseres Quartiers kannte, musste ich weiterfahren und hoffen, dass es reichte. Eine andere Tankstelle zu suchen, war mir einfach zu riskant, da ich mich hier überhaupt nicht auskannte. Jedenfalls reichte das Benzin gerade so und ich füllte erleichtert an „unserer" Tankstelle den völlig leeren Tank auf.

Danach fuhr ich einkaufen, da Achim der Meinung war, die 2 vorhandenen Toastbrote und 2 Päckchen Wurst und Käse reichten nicht mehr bis Sonntag früh. Tja, er hatte eben gerade einen täglichen Bedarf von gefühlten 20 000 Kalorien am Tag.

Nachdem das erledigt war, ging es zurück ins Quartier. Gegen 15 Uhr kam von Achim eine SMS, dass er auf der Brücke vor Venedig war. Die SMS ließ erahnen, wie aufgeregt er war, und ich machte mir wieder Sorgen wegen seines Ehrgeizes. Wie abgemacht, kam er mit dem Zug zurück, und ich konnte ihn am Bahnhof von Lerino gegen 18 Uhr wieder einsammeln. Er erzählte sofort von seinen Eindrücken in Venedig, und dass das Verweilen am Bahnhof keinen Spaß gemacht hätte, weil einfach alles von Menschen überfüllt war. Wir fuhren zurück nach Quinto, nach dem Abendbrot ging es ins Bett. Am nächsten Tag um 5 Uhr aufstehen und ab zur Dialyse – toll ...

Joachim:

Um 9.30 Uhr startete ich in Mira zu meiner letzten großen Tagesetappe. Dazu hatte ich mir auf der Karte einen Weg ausgesucht, welcher von Mira ziemlich gerade bis Malcontenta reichte. Leider war meine Karte nicht die aktuellste bzw. zurzeit wurden viele neue Straßen in Italien gebaut.

Plötzlich war mein Weg versperrt und ich musste erst mal in eine ganz andere Richtung laufen. Mithilfe der Sonne und etwas Suchen fand ich jedoch die wenig befahrene und schmale Straße bis Malcontenta. Vor dem Ort führte von rechts eine Autobahn anscheinend bis zu einem Schnittpunkt meines Weges. Aber es war keine Autobahn, sondern nur die äußerst stark befahrene Bundesstraße 309. Nur dank einer Ampel, vor welcher ich sehr lange warten musste, war es möglich, diese Straße zu überqueren.

Nach dem Durchlaufen von Malcontenta sollte es mit der Ruhe vorbei sein. Dahinter begann das lebhafte Industriegebiet, welches sich um Venedig befand. Auf der linken Seite laufend, bemerkte ich in einer kleinen Einbuchtung plötzlich einen weißen Plastikstuhl. Ein sauberes Kissen lag darauf und eine Colaflasche stand daneben. Mario hätte sich hier sofort niedergelassen – schon allein wegen der Cola. Auch mich lud der Stuhl geradezu ein. Da musste ich mich einfach mal ausruhen. Ich nahm an, dass der Stuhl vielleicht von einer Verkehrszählung übrig geblieben war. Im Gegensatz zu Mario hätte ich

Der geheimnisvolle Stuhl mit Cola ...

mich aber an der Cola nicht vergriffen! Ich legte meine Stöcke ab und wollte gerade den Rucksack absetzen, als eine schimpfende Frauenstimme aus dem dahinter liegenden Busch erklang. Eine etwas stämmigere Signora mit hochhackigen Schuhen und sehr kurzem Rock kam laut Italienisch schimpfend schnell auf mich zu. Ich hatte den Sitzplatz einer „Bordsteinschwalbe" erwischt. Etwas amüsiert verließ ich schnell diesen Platz. (Anm. Mario: Von wegen, er hatte nur nicht genug Geld dabei!)

Ein Stück weiter wurde mir der (Auto-)Verkehr zu viel. Zwischen der Straße und einem Kanal mit Anglern verlief ein Gleis. In der Hoffnung, dass kein Zug kam, nutzte ich diese Möglichkeit, um dem Straßenverkehr zu entrinnen. Nach ca. 1 Kilometer bog das Gleis jedoch ab und ich musste wieder auf die Straße. Nachdem ich die nächste „Bordsteinschwalbe" und viele Lkw passiert hatte, begann endlich ein Fußweg und die Straße wurde vierspurig. Reichliche 2 Kilometer weiter machte die Schnellstraße einen Rechtsknick, um dann fast geradeaus bis Venedig zu verlaufen. Für mich wurden aber die Fußwege wieder seltener.

Mein Weg führte jetzt durch ein Industriegebiet und viele Parkplätze. Nun musste doch bald die Brücke kommen?! Der Weg wurde immer schwieriger. Selbst den kleinsten Pfad gab es nicht mehr für mich. Die Leitplanken verliefen direkt neben der Straßenmarkierung. Viele Fahrzeuge, hauptsächlich große Busse, brausten nah an mir vorbei. Sollte ich mich auf den letzten Metern noch umfahren lassen? Mir fiel leicht niedergetretenes Gras zwischen Leitplanken und Graben auf. Notgedrungen kletterte ich über die Leitplanken und lief die nächsten ca. 500 Meter auf einem sehr unebenen und oft stark zugewachsenen Weg. Öfters musste ich mich an den Leitplanken festhalten, um nicht in den Graben abzurutschen.

Endlich führte der Weg auf einen kleinen Platz, auf dem ich eine Rast einlegte. In meinen Schuhen hatte sich etliches angesammelt, zum Beispiel viel Grassamen. Nachdem ich mich dieser Last entledigt und noch einmal gestärkt hatte, lief ich weiter. Plötzlich, vielleicht nur 50 Meter weiter, begann endlich die Brücke nach Venedig. Diese war 3850 Meter lang. Rechts und links war fast nur Wasser zu sehen. Blickte man jedoch die Brücke entlang, sah man in nicht allzu weiter Ferne das Ziel der Wanderung: Venedig!!

Die Brücke nach Venedig

Herrlich, endlich lag es vor mir. Auch Mario sollte an meiner Freude teilhaben. Ohne ihn hätte ich das nie geschafft. Schnell sandte ich ihm eine SMS. Der Markusplatz in Venedig war das Endziel unserer Wanderung. Aber für mich, in meinen Träumen, war der Lauf über diese Brücke das Hauptziel. Goethe und viele andere haben Venedig nur mit dem Schiff erreicht. Ich wollte wirklich bis zum Schluss alles erlaufen. Im Internet hatte ich schon vor über einem Jahr gesehen, dass es auf der Brücke einen ordentlichen Fußweg gab und die Probleme damit endlich beendet waren.

Voller Genuss schritt ich in Ruhe über die Brücke. Der nach Algen riechende Duft des Wassers, der Blick auf das Meer, auf Boote, auf Fische, Vögel und Fischernetze, all dies erfüllte mich mit einer großen inneren Genugtuung und Freude. Dabei hatte ich es absolut nicht eilig, wie Mario befürchtete, im Gegenteil! Langsam wurde Venedig größer und größer. Auf der vierspurigen Brücke verliefen noch 4 Bahngleise und fast im Minutentakt fuhren Züge in der ein oder anderen Richtung an mir vorbei. Kurz vor Venedig sah ich schon den Bahnhof. Diesen erreichte ich über eine große Fußgängerbrücke. Weiter wollte ich heute nicht.

Obwohl es erst Anfang April war, befanden sich auf dem Bahnhofsvorplatz sehr viele Menschen. Was musste hier erst in der Saison los sein?! Ich orientierte mich etwas und schaute kurz in den umliegenden Geschäften nach Ansichtskarten. Leider gab es keine Briefmarken dazu. Wieder im Bahnhof kaufte ich mir zuerst eine Fahrkarte. Nachdem ich die Sprache am Automat eingestellt hatte, erschien als Erstes: „Vorsicht Taschendiebe, achten Sie bitte auf ihr Gepäck!" Da ich meinen großen Rucksack nicht nach vorn auf den Bauch nehmen wollte, schaute ich immer wieder mal hinter mich. An der Information im Bahnhof musste ich mich wegen eines Stadtplans anstellen. Instinktiv schaute ich nach dem Rucksack, als sich 2 Männer hinter mir ganz schnell umdrehten und weggingen. Am Rucksack war Gott sei Dank kein Reißverschluss offen und er war nirgends aufgeschnitten. Im neben der Information liegenden „Tabacchio" gab es endlich Karten mit Briefmarken. Um 17.41 Uhr rollte ich mit dem Zug aus dem Bahnhof und um 18.50 Uhr erwartete mich Mario schon in Lerino. Danach fuhren wir mit dem Auto zurück in die Unterkunft.

Donnerstag, 7.4.2011
Glückliche Patienten

Mario:
Heute war wieder Dialyse angesagt. Daher hieß es um 6 Uhr aufstehen und mit dem Frühstück nicht allzu lange aufhalten. Pünktlich um 7 Uhr ging es mit dem Auto nach Vicenza. Als Achim aus dem Umkleideraum wiederkam, saß auf unseren „Stammplätzen" im Warteraum schon eine uns durch ihr lautes Lachen und „Guten Morgen" bestens bekannte italienische Dialysepatientin. Freudig setzte sich Achim natürlich gleich neben sie. *(Anm. Joachim: Ich war einfach höflich!)* Dann begann ein „Gespräch" zwischen den beiden. Am immer wieder etwas verschämten Lachen merkte man, dass eigentlich keiner so richtig verstand, was der andere sagte. Schade, dass ich kein Aufnahmegerät mithatte. Ich verstand nur so viel, dass sie 2 Jahre an

der Dialyse war, auf eine Transplantation wartete und einige Zeit in Düsseldorf gewohnt hatte. Na ja, ich hatte den Eindruck, jeder war erleichtert, als wir von der Schwester in das Zimmer gerufen wurden.

Als ich die Schwester erkannte, konnte ich spüren, wie mein Blutdruck anstieg. Die letzten Dialysen hatten wir uns ständig gefragt, wann endlich genau diese hübsche Schwester mal zu uns ins Zimmer kommen würde. Heute war es soweit. Aber leider verstand sie kein Wort englisch oder deutsch. Achim versuchte es auf seine charmante Art natürlich wieder auf Italienisch. Am Lachen von beiden konnte man erkennen, dass keiner die Worte des anderen verstanden hatte. Eine nette „Unterhaltung" war es trotzdem.

Die Dialyse verlief problemlos und ab ging es wieder Richtung Quinto. Eigentlich wollten wir noch mal in einen Supermarkt und einige Päckchen Wurst für Achim kaufen, jedoch hatte der einzige Markt, den wir fanden, geschlossen. Also ging es ohne Wurst zurück. Achim würde auch so nicht verhungern. Wir hatten ja noch 3 Toastbrote, eine Menge Zwieback, jede Menge Wurst, die Achim zu fett war, Käse und, und, und ... das alles für die restlichen 3 Tage.

Es wurden noch Berichte geschrieben, der Plan für unseren gemeinsamen Venedigbesuch gemacht und dann ging's nach dem Abendbrot ins Bett.

Joachim:
Heute war Dialyse angesagt. Nach dem wir etwas länger gewartet hatten, holte uns Marios „Schwesternschwarm" ins Zimmer. Mario war noch gar nicht im Bett, da hatte er ihr schon mit sanfter Stimme zugehaucht: „You can say Mario". Beim darauf folgenden Blutdruckmessen hatte Mario gleich einen Wert von über 180. Beim Nachmessen 5 Minuten später ging die Schwester vorher aus dem Zimmer. Da waren es nur noch 130. Diese Schwester hatte aber tatsächlich ein bezauberndes Lächeln. Auch ich kam mehrmals in diesen Genuss.

Freitag, 08.04.11
Ziel erreicht!
(Einunddreißigster Wandertag, Venedig Bahnhof – Venedig Markusplatz, 4 Kilometer)

Joachim:
Nach einer Nacht mit einem sehr unruhigen Schlaf fühlte ich mich matt und zerschlagen. Die intensive, oft nervenaufreibende Vorbereitung, der schlechte Schlaf in letzter Zeit sowie die letzten 3 Wanderwochen hatten ihre Spuren hinterlassen. Es wurde Zeit, dass das Projekt seinen Abschluss fand. Heute endlich wollte ich den Markusplatz in Venedig erreichen. Dieser Gedanke aktivierte wieder meine Kräfte. Nach dem Frühstück starteten wir mit dem Auto zum Bahnhof in Lerino. Um 10.40 Uhr passierte unser Zug die Brücke und rollte in Venedig ein. Vorgestern hatte ich schon das Hochgefühl wegen des Erreichens von Venedig gehabt. Jetzt war es für Mario ein Erlebnis. Auch für ihn war es sehr beeindruckend, Venedig zu erleben. Langsam wurde es endlich auch ihm bewusst, dass wir es geschafft hatten und am Ziel waren. Zuerst kauften wir für je 16 Euro eine 12-Stundenkarte für die Wasserbusse, dann trennten sich unsere Wege.

Während Mario auf dem Canale Grande bis zum Markusplatz mit dem Wasserbus fuhr, legte ich diesen Weg zu Fuß zurück. Die letzten Kilometer wollte ich Venedig auf mich wirken lassen. Das Flair der Stadt offenbarte sich mir aber auf unterschiedlichste Weise. Es war schön, an den Kanälen entlang zu gehen und den Booten mit den Gondolieren zuzusehen. Fast erdrückend oder beängstigend, aber doch sehenswert, fand ich die vielen sehr schmalen und sehr hohen Gassen. Oft konnte man hier mit leicht ausgestreckten Armen gleichzeitig beide Seitenwände ertasten. Kurz darauf stand man ganz plötzlich wieder auf einem kleinen oder etwas größeren gepflegten Platz.

Venedig ist seit über 1000 Jahren eine Stadt des Handels und ist damit reich und mächtig geworden. Auch jetzt war diese Stadt voller Kommerz, was ich ihr jedoch auf keinen Fall übel nehme. Im Gegenteil, auch dies gehörte zu Venedig. Auf meinem Weg wechselten sich ruhige Zonen, auf denen ich fast allein war, mit äußerst lebhaften Bereichen ab. Hauptsächlich in der Nähe der Sehenswürdigkeiten,

Venedig mit Canale Grande wie auf der Postkarte ...

wie z. B. der Rialtobrücke oder dem Markusplatz konzentrierte sich dieser Handel. Auch ich war in mehreren Geschäften, um noch nach ein paar Mitbringseln zu schauen. Aber gerade in den schmalen Gassen und oft auch in der Nähe der Sehenswürdigkeiten konnte man jetzt schon vor der Vielzahl Touristen kaum gehen. Jetzt war Anfang April, Vorsaison! Ein leichtes Grauen regte sich in mir, wenn ich mir vorstellte, was hier im Sommer, in der Hochsaison, los sein musste. Sehr froh war ich, dass wir jetzt schon hier waren. Manche, vielleicht sogar viele mögen und suchen aber diesen Trubel. Auf der anderen Seite war man oft schon eine Straße weiter wieder fast ganz allein. Vielleicht machte gerade dieser abrupte Wechsel diesen einen Teil des Charmes von Venedig aus?! Ich denke, es gibt auch viele Bereiche in Venedig und den umliegenden Inseln, welche den Ruhe Suchenden zufriedenstellen können.

Nun etwas zu meinem Weg durch Venedig: Als Erstes überschritt ich den Canale Grande über die in der Nähe des Bahnhofs befindliche Brücke. Vorher hatte ich mir auf dem Stadtplan schon meinen Weg zum Markusplatz heraus gesucht. Ich war mir (fast) sicher, den Weg

mithilfe meines Orientierungssinnes zu finden. Diesen Gedanken musste ich jedoch bald begraben. Oft endete einfach eine Straße und ich stand vor einem Kanal oder einfach vor einer Mauer. Mithilfe des Stadtplanes schaffte ich es dann doch bis zur Rialtobrücke. Hier konzentrierte sich wieder der Touristenstrom.
Ich lief vorbei an mehreren Restaurants. Alles, was diese an Lebensmittel benötigten und verkauften, musste mit dem Boot angeliefert werden. Das spiegelt sich natürlich auch im Preis wider. Einige Kellner standen vor den Lokalen und versuchten unaufdringlich, vorbeilaufende Touristen zum Besuch des Lokals zu bewegen. Ich wurde nicht angesprochen! Entweder sahen sie mir an, dass ich bald einen Termin mit Mario auf dem Markusplatz hatte oder sie ahnten, dass mein Rucksack noch einige Schnitten enthielt. Das Wahrscheinlichste war, dass dieser Wandersmann mit seinen Stöcken nicht ihrem Ambiente entsprach. Na ja, was soll's, dies konnte ich sogar verstehen und damit gut leben. Nun besichtigte und überquerte ich die Rialtobrücke, auf welcher sich sogar eine Ladenstraße befand. Auf dem Stadtplan hatte ich ein Gässchen, die C. Bembo, gesehen, welche sich in der Nähe der Brücke befand. Diese führte fast geradeaus bis zum Markusplatz.

Da ich noch Zeit und Hunger hatte, machte ich auf einer Bank in einem Innenhof Rast. Gerade dem Trubel der Rialtobrücke entronnen, saß ich hier 10 Minuten ganz für mich allein. Als ich wieder aufbrechen wollte, bemerkte ich, dass ich einige bereits geschriebene Ansichtskarten bei mir hatte. Diese sollten unbedingt einen Venedigstempel erhalten. In der Nähe der Rialtobrücke war auf dem Stadtplan eine Post eingezeichnet. Schnell lief ich zurück. Leider fand ich diese nicht. Ein vor dem Lokal stehender Kellner zeigte mir dann das Postgebäude. Es war vergittert und sah sehr verwahrlost aus. Hier wurde ich meine Post erst mal nicht los. Einen Briefkasten fand ich auch nicht in der Nähe. Nun aber schnell zur C. Bembo zurück. Mein Handy hatte mir schon signalisiert, dass Mario mich auf dem Markusplatz vermisste. Ca. 10 Minuten später trat ich durch ein kleines Portal und war plötzlich und endlich auf dem Markusplatz.

Das hatte schon etwas für sich. Der Platz war eingerahmt von hohen Gebäuden und wirkte groß, ja fast erhaben auf mich. Links von mir sah ich eine Kathedrale mit mehreren Kuppeln, wobei mir deren Glanz fehlte. Ihr einfaches Grau enttäuschte mich etwas. Die Male-

reien im unteren Bereich verdrängten diesen Eindruck nur leicht. Zudem war die Hälfte der Kathedrale eingerüstet. Um die Gerüste zu verdecken, sah man auch hier nur hellgraues Tuch. Imposant und interessant in Aussehen und Höhe fand ich jedoch den rötlichen Turm daneben. Auf vielen Ansichtskarten prägt er das Bild des Markusplatzes. Mir gegenüber spielte eine Musikkapelle. Die Klänge eines bekannten Tangos drangen zu mir herüber und versetzten mich in eine beschwingte Stimmung. Viele Menschen, aber auch viele Tauben bevölkerten den Platz. Aber wo war das Meer und wo war Mario? Mithilfe unseres Sprechfunks verständigte ich mich mehrmals mit ihm. Nach 5 Minuten hatte ich ihn, sowie auch endlich das in der Nähe sichtbare Meer erreicht.

Nach einer kurzen Pause auf den Stufen des Gebäudes gegenüber dem Dogenpalast gingen wir langsam in Richtung Wasser. Zu Beginn der Wanderung hatte ich von den Ufern der Isar einen schönen Stein mitgenommen. Als Zeichen der Beendigung meiner Wanderung und Erreichen unseres Zieles warf ich diesen jetzt ins Mittelmeer. Damit war für uns der ideelle Abschluss der Wanderung vollzogen.

Nun hatten wir Zeit, uns die Insel etwas näher anzusehen. Hauptsächlich taten wir dies vom Wasser aus. Mittels der Wasserbusse durchquerten wir einmal den Canale Grande und besuchten noch einige Orte auf den Nachbarinseln. Hier schienen die Einheimischen, aber auch die Touristen, viel ruhiger zu leben. Geschäfte sah man selten, und wenn, dann nur mit wenigen Leuten davor. Eine Taverne hatte mehrere Tische direkt auf der Kaimauer stehen. Nur 2 Pärchen genossen die Ruhe beim Essen und bei einem Glas Wein. Nebenbei beobachteten sie die vorbei fahrenden Boote. Dieses Bild von Venedig strahlte eine unerschütterliche Harmonie aus und blieb in mir haften.

Letztendlich fuhren wir zur Anlegestelle in der Nähe des Bahnhofes zurück. Der Tag hatte seine Spuren hinterlassen und wir waren beide mehr oder weniger erschöpft. Eines hatten wir allerdings noch nicht, ein Foto, auf dem wir beide gemeinsam zu sehen waren. Beim Werfen des Steines ins Meer bot sich ein großer athletischer Mann an, uns zu fotografieren. Wir waren jedoch sehr vorsichtig. Er sah nicht nur jung und kräftig aus, er konnte bestimmt auch ganz schnell mit unserem Fotoapparat weglaufen. Bestimmt taten wir diesem Mann unrecht und er hat es nur gut gemeint. Aber „Vorsicht ist die Mut-

Joachim wirft den Stein aus der Isar in das Mittelmeer

ter der Porzellankiste". Tja, und nun standen wir am Kanal vor dem Bahnhof ohne gemeinsames Bild.
Da sah ich eine ältere, etwas stämmige Frau langsam auf uns zukommen. Sie machte einen gemütlichen und ehrlichen Eindruck auf mich und beim eventuellen Wettrennen um den Fotoapparat wären sie und ich zumindest gleichwertig gewesen.
Diese Frau wurde unsere Fotografin in und von Venedig.

Ein wenig Zeit war noch bis zur Abfahrt des Zuges. Ich suchte noch ein letztes Mitbringsel, während Mario sich nach einer Sitzgelegenheit sehnte. Der Bahnhof war sehr karg damit ausgestattet, was Mario sehr frustrierte. Nun ja, eine halbe Stunde vor der Abfahrtszeit wurde der Zug bereitgestellt und wir konnten endlich unsere müden Glieder ausstrecken. 17.41 Uhr verließ der Zug den Bahnhof und damit endete für uns das Kapitel Venedig.

Der Abend verlief ruhig. Mario servierte wieder leckere Königsberger. Wahrscheinlich war er der Meinung, dass ich ab jetzt nicht mehr so viele Kalorien benötigte. Deshalb wurde ich am Anfang etwas kurz gehalten und erhielt nur einen Klops und eine Kartoffel! Später, zu seinem Glück, aber doch noch etwas mehr – er hätte sonst nach Deutschland laufen müssen! Gegen 22 Uhr ging es nach einem erlebnisreichen Tag müde und glücklich ins Bett.

Mario und Joachim: Es ist geschafft!

Samstag, 9.4.2011
Letzte Dialyse

Mario:
Heute war die letzte Dialyse in Vicenza. Also um 6 Uhr aufstehen, frühstücken und kurz nach 7 Uhr ging es los. Wie nicht anders zu erwarten, hatten wir auch zu unserer letzten Dialyse eine neue Schwester. Diesmal hieß sie Barbara. Nach etwa 2 Stunden Dialyse kam der Arzt zur Visite, die wie immer aus der Frage „Tutto bene?" bestand. Wie immer lautete unsere Antwort darauf „Tutto bene!" Damit war die Visite auch schon vorbei.
Ich nutzte die Gelegenheit, um den Arzt mit meinem bescheidenen Englisch zu bitten, mir noch ein Schreiben für die Krankenkasse zu unterschreiben und abzustempeln. Das klappte problemlos. Er verstand sofort was ich mit „Signature" und meiner geballten Faust, die auf dem Schreiben landete, meinte.
Jetzt sah Achim seine Chance, den Arzt zu bitten, er möge doch seine Kostenübernahmeerklärung mit zur Abrechnungsabteilung geben. Ich verstand kein Wort von dem, was Achim zum Arzt und der Arzt zu Achim gesagt hatte. Als das Wort „Kopie" fiel, hellte sich das Gesicht des Arztes auf. Er ließ von der Schwester eine Kopie machen, die Achims Protokollen beigelegt wurde. Was damit wohl passieren würde?

Nach dem Ende der Dialyse versprühten wir nochmals unseren ganzen Charme bei der Verabschiedung. Wir nahmen unsere sämtlicher Feuchtigkeit beraubten Brötchen und machten uns auf zum Kaffeeautomaten. Dies war für uns ein richtiges Ritual geworden, dass wir seit der ersten Dialyse in Vicenza pflegten. Nach jeder Dialyse holte ich einen Kaffee aus dem Automaten und anschließend setzten wir uns ins Auto und aßen die Brötchen. Wie Achim die ohne etwas zu trinken runterwürgen konnte, würde mir wohl immer ein Rätsel bleiben. Wenn ich keinen Ärger mit Achim haben wollte, musste ich sehr penibel darauf achten, dass beim Essen ja kein Krümel im Auto landete. Nur, wie macht man das mit einem Brötchen, das Feuchtigkeit das erste Mal durch meinen Kaffee kennengelernt hat? Na ja, es gelang mir nicht ohne Krümel und so mussten nach jeder Mahlzeit die Sitze gereinigt werden.
Als wir so beim Essen waren, kamen hinter unserem Auto einige

„Herzlicher Abschied von den Schwestern der Dialyse in Vicenza“

Schwestern aus der Dialyse, um zu rauchen. Achim nutzte die Gelegenheit, um sie noch um ein Foto zu bitten. Daraufhin wurden alle anwesenden Schwestern aus der Dialyse zum Gruppenfoto gerufen. Wie nicht anders bei solchen Gelegenheiten zu erwarten, bedeutete das noch mal für alle richtigen Spaß. Für uns war es noch ein schöner Abschluss mit der Dialyse in Vicenza, die man uneingeschränkt empfehlen konnte. Allerdings sollte man zumindest gut Englisch oder am besten Italienisch sprechen können.

Auf der Rückfahrt machten wir noch einige Fotos der Umgebung unseres Wohnortes. Dann ging's zurück in die Unterkunft. Achim legte sich etwas aufs Ohr. Ich hatte wieder etwas Zeit für mein Buch. Gegen 18 Uhr gab es Abendbrot und danach begannen wir, die Koffer für unsere Heimreise am nächsten Tag zu packen. Anschließend begaben wir uns zu Bett.

Sonntag, 10.4.2011
Wieder zu Hause

Mario:
Es war geschafft. Heute früh ging es nach Hause. Vor uns standen etwa 8 bis 9 Stunden Fahrt bis Chemnitz. Achim musste noch einmal etwa 2 Stunden länger bis nach Bad Düben fahren. Wir wollten um 6 Uhr losfahren. Das bedeutete, dass ich um 6 Uhr und Achim 5.30 Uhr aufstand.
Danach wurde gefrühstückt und die restlichen Kleinigkeiten zusammengepackt. Ganz wichtig war natürlich die eisgekühlte Cola-Flasche für unterwegs, sozusagen mein Kaffee-Ersatz.
Anschließend begann Achim, das Auto nach einem ausgeklügelten System einzuräumen. Ich wette, er hat sehr lange an diesem System getüftelt. Es war jedenfalls nicht so leicht zu durchschauen.
Als geborene Hausfrau brachte ich in der Zwischenzeit die Wohnung für die Übergabe in Ordnung. Kurz vor 8 Uhr kam unser Vermieter und die Wohnung konnte übergeben und bezahlt werden.

Dann ging es fast pünktlich um 8.05 Uhr los in Richtung Heimat. Die Fahrt verlief problemlos, wenn man mal von dem plötzlichen Stau in einer Kurve absah, bei dem wir (und viele andere Autos auch) Probleme hatten, rechtzeitig zum Stehen zu kommen.
Da wir uns regelmäßig nach spätestens 1,5 Stunden mit dem Fahren abwechselten, kamen wir zügig voran und waren schon gegen 16.30 Uhr in Chemnitz.
Bei mir angekommen half uns wieder mein Nachbar Reinhold mit seinem Enkel Martin beim Hochtragen des Gepäcks in meine Wohnung.

Danach fuhr Achim weiter nach Bad Düben. Wie ich hörte, ist er dort wohlbehalten angekommen ... und plant schon die nächste Wanderung – oh je!

Unser Fazit der Wanderung

Organisation

Mario:
Die Organisation der Wanderung war wohl neben der eigentlichen Wanderung die größte Herausforderung. Unterkünfte, Dialyse, Wanderroute, Internet, Mobilität und Verpflegung – alles musste detailliert vorbereitet werden.
Da wir beim ersten Teil der Wanderung merkten, dass der ständige Wechsel der Unterkünfte eine enorme zeitliche und auch körperliche Belastung darstellte, war es die richtige Entscheidung, uns beim zweiten Teil auf nur zwei Unterkünfte zu beschränken. Auch wenn das längere Fahrtstrecken und Fahrtzeiten bedeutete, so sparte es doch in der Vorbereitung viel Zeit und während der Wanderung einige Kraft und Nerven.

Verpflegung

Mario:
Die Verpflegung weitestgehend selbst sicherzustellen war richtig. Während wir bei dem ersten Teil häufig selbst mit unserer Kochplatte heimlich warmes Essen zubereiten mussten, stand uns in den Ferienwohnungen des zweiten Teils eine komplette Küche zur Verfügung. Auch deswegen würden wir immer wieder auf möglichst wenige Ferienwohnungen bei einer Wanderung zurückgreifen. Das funktioniert natürlich nur, wenn auf der Wanderung ein erfahrener Koch dabei ist ***(Anm. Joachim: Hätten wir nur einen mitgenommen!)***. Deshalb glaube ich, dass Achim auch deshalb über meine Begleitung so glücklich war. Wahrscheinlich wäre er ohne meine Kochkünste verhungert – mal abgesehen von der Palette Quark, den er dann wohl ausschließlich gegessen hätte. ***(Anm. Joachim: Ist bestimmt gesünder als Königsberger aus der Büchse und Cola.)***

Dialyse

Mario:
Bei der Wahl der Dialyseeinrichtungen entlang der Route hatten wir ein sehr glückliches Händchen. Ausnahmslos waren wir mit der Behandlung sehr zufrieden. Unsere anfängliche Angst, die Behandlung würde nicht zwingend unserem gewohnten Standard entsprechen, war völlig unbegründet. Die hygienischen und technischen Standards in den von uns gewählten Einrichtungen hatten mindestens deutsches Niveau. Die Vorurteile von uns Deutschen, nur wir hätten ein gutes Gesundheitssystem und in anderen Ländern müsste man bei der Behandlung Abstriche machen, können wir keinesfalls bestätigen. Allein bei der Behandlungsdauer gab es Unterschiede, da man in Italien, im Gegensatz zu Deutschland, der Meinung ist, dass eine Behandlungsdauer an der Dialyse von 4 Stunden völlig ausreichend ist, wogegen man in Deutschland die Auffassung vertritt „Dialysezeit ist Lebenszeit", man also möglichst lange dialysieren sollte.
In allen Einrichtungen wurden wir sehr herzlich empfangen und freundlich behandelt. Natürlich muss man aber bei der Wahl der Behandlungseinrichtungen sorgfältig vorgehen. Es gibt in allen Ländern qualitativ gute und weniger gute Einrichtungen, genau wie in Deutschland.

Andere Probleme

Mario:
Ein großer und entscheidender Fehler bei der Organisation des ersten Teils war die zeitliche Planung. Wir wollten versuchen, in möglichst kurzer Zeit so weit wie möglich voranzukommen. Dadurch wurden kaum Ruhetage eingebaut. Dazu kamen die ständigen Wechsel der Unterkünfte. Diese fanden oft an Dialysetagen statt. Dadurch wurden die Tage sehr lang und abends mussten noch die Tagesberichte für das Internet geschrieben werden. Das alles bedeutete, dass unser Tag oft 16 Stunden und mehr hatte. Während ich mich während des Tages mal aufs Ohr legen konnte, bedeutete das für Achim eine extrem starke Belastung. Wir denken, dass das letztlich auch der Grund

für seine Probleme mit der Bauchspeicheldrüse war, die zum Abbruch des ersten Teils geführt hatten. Beim zweiten Teil wurden von vornherein Ruhetage vorgesehen und an Dialysetagen hatte Achim Wanderverbot. Dadurch waren die Zeiten der Entspannung und Ruhe größer und die gesamte Wanderung verlief wesentlich angenehmer.

Idee verwirklicht?

Mario:
Wir konnten ein breites Interesse bei den verschiedensten Medien an dieser außergewöhnlichen Wanderung wecken. Das Ergebnis waren viele Presseberichte über die Wanderung.
So kann mit Fug und Recht angenommen werden, dass viele Patienten mit den unterschiedlichsten Krankheitsbildern über die Wanderung und deren Anliegen, auch durch unsere Berichte in verschiedenen Patientenbroschüren, umfassend informiert waren. Das zeigt auch die Zugriffsstatistik und die Kommentare auf der Internetseite.
Wir hoffen, dass diese Wanderung dem einen oder anderen Patienten, egal mit welcher Krankheit, etwas Mut und Zuversicht geben konnte.
Eine optimistische Grundeinstellung und der Wille, das Leben möglichst normal weiterzuführen, kann vielen Patienten helfen, mit der Krankheit besser umzugehen. Dazu möchten wir Sie ermutigen!

Walking – eine tolle Sportart für jedermann

Joachim:
Es gibt nichts Schöneres für mich, als früh bei Sonnenaufgang, Vogelgesang und frischer Luft in der Natur und ohne Hast zu wandern. Durchschnittlich zweimal pro Woche schnappe ich mir meine Stöcke und versuche für ca. 2 – 3 Stunden zu walken, meist in Ruhe, alles beobachtend und oft fotografierend. Nur wenn mal weniger Zeit ist, fordere ich mich mehr und laufe schneller.
Körper, Geist und Seele profitieren von dem Walking.

Zweimal im Jahr hatte ich früher eine Erkältung, immer mit vereiterten Nebenhöhlen, welche jedes Mal mit Antibiotika behandelt werden musste. Genauso Rückenprobleme, sodass ich in der Physiotherapie schon Dauergast war.

Seit 2008, also seitdem ich walke, gibt es keine behandlungsbedürftige Erkältung mehr und mein Rücken meldet sich nur, wenn ich mich länger nicht sportlich betätigt habe.
Meine Hände haben je schon zwei Carpaltunnel-OP's hinter sich, sind aber schon wieder taub. Nur wenn ich walke, habe ich in der Nacht keine Schmerzen und kann schlafen.
Bei den Knien ist es genauso. Wenn ich Schmerzen bekomme, weiß ich, dass ich zu wenig an der frischen Luft war. Betrachte ich meine gesamte körperliche Kondition, so ist auch hier folgerichtig eine nicht unerhebliche Erhöhung der Leistungsfähigkeit durch das Walking zu verzeichnen.

Auch zur Stärkung des Geistes oder vielleicht besser gesagt, der Hirnleistung, kann das Wandern in bestimmtem Umfang beitragen. Auf der einen Seite versuche ich oft, während des Laufens in der Natur, mein Hirn etwas zu trainieren, indem ich z.B. alle geraden oder ungeraden Zahlen von 1 – 100 zusammen zähle etc. (Nur 10 – 15 Minuten/Tag, das sollte für die Erhaltung der Hirnleistung ausreichen.)
Auf der anderen Seite werden durch das Walking beide Gehirnhälften harmonisiert, da die rechten und linken Stöcke nicht konform mit den Beinen gesetzt werden.

Nun komme ich zur Seele. Allein schon der Anblick und das Erleben der Natur sind ein Labsal für die Seele, wenn man es will! Man darf nicht achtlos sein. Zum Beispiel an jeder Blume, am Grün der Wiese, am Vogelgesang, am Morgenrot, am Duft des Heus oder des reifen Getreides, ja selbst am Wind kann ich mich erfreuen. Es gibt so viel Schönes auf der Welt, aber besonders in unserer Nähe, man muss es bloß sehen.
Oft gibt es Probleme im Leben, welche die Seele belasten. Besonders hier hilft das Wandern, da man Zeit hat, sich die Sache in Ruhe durch den Kopf gehen zu lassen.
Auch Frust und Ärger kann man gut beim Walking abbauen. Dann schimpfe ich in Gedanken und beschleunige auch mal ganz schön das

Tempo, um meine innere Unruhe und Unzufriedenheit abzubauen. Am Ende der Wanderung ist oft zumindest ein Lösungsansatz gefunden.
Zuletzt muss ich erwähnen, dass viele Bekannte und Freunde meine Ziele und Leistungen, trotz Dialyse, anerkennen. Auch dies bekommt meiner Seele und meinem Selbstbewusstsein sehr.

Walking / Wandern ist für mich und bestimmt auch für viele andere die ideale sportliche Betätigung. Letztendlich ist in meinen Augen aber Sport immer richtig und wichtig.
Egal, ob man nun krank ist und welche Krankheit man hat oder gesund. Was ist eigentlich „gesund"? Kann nicht jeder morgen schon schwer krank sein?
Wir kommen besser durchs Leben, wenn wir Aufgaben und Ziele haben.
Für uns (Mario und mich) war die Überquerung der Alpen und das Erreichen von Venedig so ein Ziel.
Wir beide hoffen und wünschen, dass jeder seine Ziele sucht, findet und, so wie wir, verwirklichen kann!

Nicht der Wind bestimmt die Richtung,
sondern das Segel!

Route 2010

Donnerstag, 27.5.2010: *Anreise nach Wolfratshausen*
Freitag, 28.5.2010: *Ruhetag, Dialyse im KfH Tutzing*
Samstag, 29.5.2010: *München - Baierbrunn, 19 Kilometer*
Sonntag, 30.5.2010: *Baierbrunn – Wolfratshausen, 20 Kilometer*
Montag, 31.5.2010: *Wolfratshausen – Beuerberg, 12 Kilometer, Dialyse im KfH Tutzing*
Dienstag, 1.6.2010: *Beuerberg – Benediktbeuern, 19 + 1 Kilometer*
Mittwoch, 2.6.2010: *Kloster Benediktbeuern – Kochelsee, 11 Kilometer, Dialyse im KfH Tutzing*
Donnerstag, 3.6.2010: *Urfeld – Wallgau, 14 + 5 Kilometer*
Freitag, 4.6.2010: *Wallgau – Scharnitz, 21 Kilometer*
Samstag, 5.6.2010: *Scharnitz -Seefeld, 14 Kilometer, Dialyse in Innsbruck*
Sonntag, 6.6.2010: *Seefeld – Völs, 22 Kilometer*
Montag, 7.6.2010: *Völs – Patsch, 18 Kilometer*
Dienstag, 8.6.2010: *Patsch – Pfons, 12 Kilometer, Dialyse in Innsbruck*
Mittwoch, 9.6.2010: *Pfons – Gries am Brenner, 18 Kilometer*
Donnerstag, 10.6.2010: *Gries – Brenner – Brennerbad, 9 Kilometer, Dialyse in Innsbruck*
Freitag, 11.6.2010: *Brennerbad – Sterzing – Pfulters, 30 Kilometer*
Samstag, 12.6.2010: *Ruhetag, Dialyse in Bruneck*
Sonntag, 13.6.2010: *Pfulters – Brixen, 23 Kilometer*
Montag, 14.6.2010: *Ruhetag*
Dienstag, 15.6.2010: *Ruhetag, Dialyse in Bruneck*
Mittwoch, 16.6.2010: *Ranzoll – St. Florian, 18 Kilometer*
Donnerstag, 17.6.2010: *St. Florian – Masetto, 13 Kilometer, Dialyse in Bruneck*
Freitag, 18.6.2010: *Masetto – Trento, 19 Kilometer*
Samstag, 19.6.2010: *Trento – Mattarello, 9 Kilometer, Dialyse in Montichiari*
Sonntag, 20.6.2010: *Rückfahrt nach Deutschland*

Route 2011

Samstag, 19.3.2011:	*Anreise nach Peschiera / Italien*
Sonntag, 20.3.2011:	*Mattarello – Rovereto / Sacco, 19 Kilometer*
Montag, 21.3.2011:	*Ruhetag, Dialyse in Vicenza*
Dienstag, 22.3.2011:	*Sacco – Ala, 19 Kilometer*
Mittwoch, 23.3.2011:	*Ala – Canale, 24 Kilometer*
Donnerstag, 24.3.2011:	*Ruhetag, Dialyse in Vicenza*
Freitag, 25.3.2011:	*Canale – Bussolengo, 19 Kilometer*
Samstag, 26.3.2011:	*Ruhetag, Dialyse in Vicenza*
Sonntag, 27.3.2011:	*Bussolengo – Verona – San Martino / Buon, 23 Kilometer*
Montag, 28.3.2011:	*San Martino - Monteforte, 18 +1 – 3 = 16 Kilometer*
Dienstag, 29.3.2011:	*Ruhetag, Dialyse in Vicenza*
Mittwoch, 30.3.2011:	*Monteforte – Altavilla, 20 Kilometer*
Donnerstag, 31.3.2011:	*Ruhetag, Dialyse in Vicenza*
Freitag, 1.4.2011:	*Altavilla – Montegalda, 23 Kilometer*
Samstag, 2.4.2011:	*Ruhetag, Dialyse in Vicenza*
Sonntag, 3.4.2011:	*Montegalda – Noventa Padova, 29 Kilometer*
Montag, 4.4.2011:	*Novento Padova – Mira, 18 Kilometer*
Dienstag, 5.4.2011:	*Ruhetag, Dialyse in Vicenza*
Mittwoch, 6.4.2011:	*Mira – Venedig / Bahnhof, 22 Kilometer*
Donnerstag, 7.4.2011:	*Ruhetag, Dialyse in Vicenza*
Freitag, 8.4.2011:	*Venedig Bahnhof – Venedig Markusplatz, 4 Kilometer*
Samstag, 9.4.2011:	*Dialyse in Vicenza*
Sonntag, 10.4.2011:	*Rückfahrt nach Deutschland*

Der Goetheweg
München-Venedig

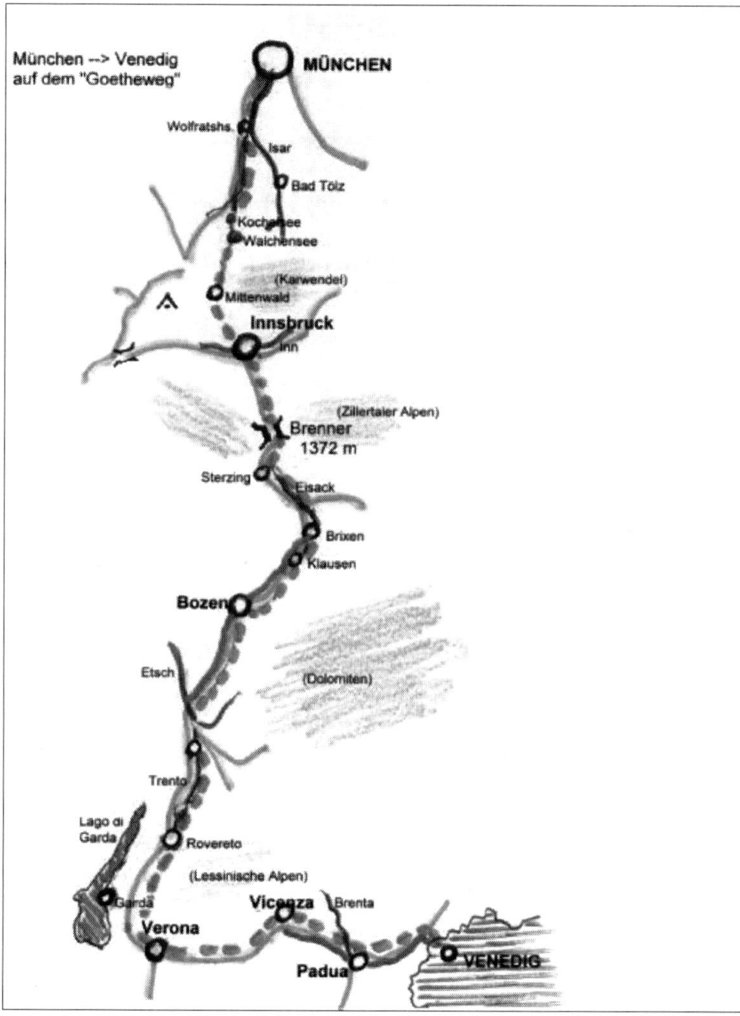

Karte, Skizze © Wanderhans
www.wanderhans.de

Alle Bilder zur Wanderung

Auf der Internetseite

www.dtcev.de/wanderbuch

finden Sie als Käufer von „Königsberger und Cola“ die geordneten Bildergalerien der gesamten Wanderung.

Geben Sie bitte bei Aufforderung folgende Zugangsdaten ein (Kleinschrift beachten):

Benutzername: wanderbuch
Passwort: 5litercola

Organspende rettet Leben – vielleicht einmal Ihr eigenes!

Liebe Leserinnen und Leser,

diesem Buch liegen 2 Organspendeausweise bei. Wir möchten damit ein Anliegen unserer Wanderung, die Auseinandersetzung mit dem Thema Organspende, nochmals unterstreichen.

Ein Organspendeausweis, der die eigene Einstellung zur Organ- und Gewebespende dokumentiert, schafft Klarheit.

Fehlt ein Organspendeausweis, müssen in der akuten Situation, das heißt, wenn das Vorliegen des Hirntodes festgestellt wurde, die Angehörigen entscheiden, ob eine Organ- und Gewebeentnahme erfolgen soll oder nicht. Der Organspendeausweis ermöglicht also der oder dem Einzelnen, sein Persönlichkeitsrecht wahrzunehmen. Außerdem entlastet er die Angehörigen in einer ohnehin sehr belastenden Situation von einer schwerwiegenden Entscheidung.

Es geht uns nicht darum, dass Sie sich für eine Organspende nach dem Tod entscheiden. Es geht uns darum, dass Sie sich mit dem Thema auseinandersetzen, denn: **Es kann jeden treffen!**

Weitere Informationen zur Organspende im Internet:

www.dtcev.de
(Dialysepatienten und Transplantierte Chemnitz e.V.)

www.organspende-info.de
(Bundeszentrale für gesundheitliche Aufklärung)

www.dso.de
(Deutsche Stiftung Organtransplantation)

www.eurotransplant.org
(Stiftung Eurotransplant)

Danksagung

Wir bedanken uns bei allen, die uns bei unserem Vorhaben unterstützt und in irgendeiner Weise zum Gelingen der Wanderung und des Buches beigetragen haben.
Stellvertretend seien genannt (Reihenfolge stellt keine Wertung dar):

Dr. Axel Beyer *(Heide-Apotheke, Bad Düben)*
Annegret Bresch *(Bad Düben)*
Bundesverband Niere e.V.
Selbsthilfegruppe der Dialysepatienten Bad Düben
Dialysepatienten und Transplantierte Chemnitz e.V.
HUK-Coburg-Versicherung
Fresenius Medical Care
Birgit Jakob *(Chemnitz)*
Sven Lange *(Wittgensdorf)*
Heizung und Sanitär Lösch *(Clausnitz / Röllingshain)*
Karla Meier *(Limbach-Oberfrohna)*
Catrin Nitzsche *(Chemnitz)*
Reinhold Pausch *(Wittgensdorf)*
Ursellore Raith *(Chemnitz)*
Kati Rockel *(Wittgensdorf)*
Verena Rotermund *(Lektorin, Mainz)*
DM Karin Schäfer *(Arztpraxis Durchwehna)*
Dr. Jörg Schletter / Dr. Frank Taupitz
(Dialyse-Gemeinschaftspraxis, Bad Düben / Torgau)
Danilo Schreiter *(Telescope-Verlag, Mildenau)*
Christine Schulze *(Markt Apotheke, Bad Düben)*
Shire Deutschland GmbH
Holger Voigt *(Seilerei, Bad Düben)*
Gemeinschaftspraxis Wartenburger *(Bitterfeld)*
Familie Weber *(Kanada)*
Familie Weber (Wittgensdorf)